Mosaik bei
GOLDMANN

Buch

Rainer Schmidt kam ohne Unterarme und mit einem verkürzten rechten Oberschenkel zur Welt. Doch mit der Zeit lernten seine Familie und er, »normal« mit dieser Grenze umzugehen. Inzwischen ist Rainer Schmidt einer der erfolgreichsten deutschen Tischtennisspieler: Bei zahlreichen Meisterschaften und bei den Paralympics errang er immer wieder Medaillen, zuletzt bei den Paralympics in Athen 2004. Mit seiner erstaunlichen Lebensgeschichte macht der Leistungssportler und Pfarrer allen Menschen Mut, trotz persönlicher Grenzen das wirklich Wichtige im Leben zu erkennen und sein Glück zu finden. Er regt zu einem neuen Verständnis von Behinderung an und vertritt die These, dass es keinen grundsätzlichen Unterschied von Menschen mit und Menschen ohne Behinderung gibt. Jeder muss sich mit Grenzen in seinem Leben beschäftigen. Wie man eine gesunde Einstellung zu diesen Hindernissen findet und dadurch zum Gelingen des eigenen Lebens beiträgt, gibt er einfühlsam weiter.

Autor

Rainer Schmidt wurde ohne Unterarme und mit einem verkürzten Bein geboren und ist einer der erfolgreichsten deutschen Tischtennisspieler. Bei Welt- und Europameisterschaften für Behinderte und bei den Paralympics errang er zahlreiche Medaillen. Zuletzt gewann er bei den Paralympics in Athen 2004 Silber im Einzel und Gold mit dem Team. Er ist evangelischer Theologe und arbeitet als Referent im PTI Bonn.

Rainer Schmidt

Lieber Arm ab als arm dran

Grenzen haben –
erfüllt leben

Mosaik bei
GOLDMANN

FSC

Mix

Produktgruppe aus vorbildlich
bewirtschafteten Wäldern und
anderen kontrollierten Herkünften

Zert.-Nr. SGS-COC-001940
www.fsc.org
© 1996 Forest Stewardship Council

Verlagsgruppe Random House FSC-DEU-0100
Das für dieses Buch verwendete FSC-zertifizierte Papier *Classic 95*
liefert Stora Enso, Finnland.

1. Auflage
Vollständige Taschenbuchausgabe August 2010
Wilhelm Goldmann Verlag, München,
in der Verlagsgruppe Random House GmbH
© 2004 Gütersloher Verlagshaus, Gütersloh,
in der Verlagsgruppe Random House GmbH
Umschlaggestaltung: Uno Werbeagentur, München,
unter Verwendung eines Entwurfs von
schwecke.mueller Werbeagentur GmbH, München
Umschlagfoto: Dieter Schönrock
Fotos Innenteil: Rainer Schmidt
Satz: Uhl + Massopust, Aalen
Druck und Bindung: GGP Media GmbH, Pößneck
CB · Herstellung: IH
Printed in Germany
ISBN 978-3-442-17171-2

www.mosaik-goldmann.de

Inhalt

Damit Sie wissen, wer schreibt

Das Wichtigste vorweg

Ein Schlüsselerlebnis

Es gibt Momente im Leben, in denen sich Grundlegendes entscheidet. Erst Jahre später wurde mir klar, was da eigentlich passiert ist, damals, dort im Schwimmbad.

Ich bin 14 Jahre alt. Mit meinem Bruder und der Familie meines Onkels fahre ich zum ersten Mal in meinem Leben ohne Eltern in den Urlaub: zwei Wochen Familienfreizeit. Ein wenig mulmig ist mir schon. Wie werden die fremden Jungs und Mädchen reagieren, wenn sie mich mit meinen kurzen Armen sehen? Hoffentlich wird es nicht so heiß werden, ansonsten wird bestimmt jemandem auffallen, dass ich nie eine kurze Hose anziehe. Vielleicht fragt sogar einer nach dem Grund. Wird mein Bruder Edgar oder einer meiner Cousins, Frank und André immer in der Nähe sein, wenn ich zur Toilette muss? Werde ich an dem Freizeitprogramm teilnehmen können oder doch eher nur zuschauen müssen. Ich hasse es, nicht mitmachen zu können. Aber deswegen nicht mitzufahren? Sicher werde ich nette Menschen kennen lernen und viel erleben. Ob ich mich vielleicht sogar verlieben werde? Außerdem will ich nicht zugeben, dass ich

9

Angst vor der neuen Situation habe. Ich werde mitfahren und einfach immer das machen, was Edgar, Frank und André tun. Und dann wird sich auch keiner trauen, mich blöd anzumachen. Schließlich sind wir zu viert.

Es läuft ganz gut an. In der Vorstellungsrunde mache ich einen coolen Spruch und alle lachen. Die Jungs in unserem Zimmer sind nett. Ich kann sogar ein Bett an der Wand des Zimmers ergattern. Also kann ich mich abends ausziehen und meine Beinprothese unter das Bett schieben, ohne dass die gleich bemerkt wird. Morgens muss ich dann nur noch meinen Wecker so stellen, dass ich zehn Minuten vor den anderen aufstehe, und schon ist auch das Anziehen kein Thema mehr.

Am dritten Tag wird es heiß, richtig heiß, Hochsommer, 30 Grad und mehr. Selbstverständlich kommt der Jugendbetreuer auf die Idee schwimmen zu gehen. »So ein Mist«, denke ich. Alle anderen finden's riesig – ich nicht. Was mache ich denn jetzt? Eigentlich gehe ich ja gerne schwimmen – dann, wenn mich alle kennen: meine Familie, meine Schulklasse (da sind ja eh alle behindert, da falle ich nicht auf) oder die Freunde aus dem Dorf. Denen ist meine Behinderung egal. Niemand beachtet mein kurzes Bein. Aber hier? Schwimmen? Mich im Freibad ausziehen, meine Prothese entblößen und dann womöglich mit dem kurzen rechten Bein über die Wiese humpeln? Nein, auf keinen Fall! Ich stelle mich nicht zur Schau. Ich lasse mich nicht von allen angaffen! Da bleibe ich lieber allein auf dem Freizeitgelände.

Ich treffe meinen Bruder: »Edgar, ich werde nicht mit

schwimmen gehen. Ich will nicht, dass alle mein kurzes Bein sehen.«

»Stell dich nicht so an«, sagt er, »die wissen doch eh alle, dass du auch was am Bein hast. Meinst du, die sehen nicht, wie du beim Fußballspielen humpelst? Und dass du als Einziger immer lange Hosen trägst, das fällt doch auf!«

»Das ist immer noch was anderes«, entgegne ich, »als es so richtig zu sehen. Sollen sie doch vermuten, dass ich auch am Bein was habe, egal, aber ich gehe nicht mit ins Freibad.«

Edgar bleibt mit mir auf dem Freizeitgelände. Er findet es doof, mich alleine zu lassen. Auf die Fragen, warum wir nicht mitgekommen sind, druckse ich nur herum: »Hatte keine Lust schwimmen zu gehen«, oder so ähnlich. Einer fragt: »Sag mal, kannst du denn überhaupt schwimmen?« »Ja, klar kann ich schwimmen und wie, ich habe das Jugendschwimmabzeichen in Gold. Ich mach's halt nur nicht gerne.«

Leider ist der nächste Tag ebenso heiß wie der vorherige. Wieder wollen alle ins Freibad. Und diesmal lässt sich Edgar nicht davon abhalten mitzugehen. »Komm schon mit. Wir können uns doch ganz nah ans Becken setzen, dann ziehst du dich aus, läufst drei Meter, springst rein und schwimmst, solange du kannst. Wenn du wieder rauskommst, ziehen wir uns an und gehen.« Ich willige zögernd ein. Wenn es nun die ganze Woche so heiß bleibt, ich kann doch nicht immer den ganzen Nachmittag alleine bleiben.

Also gehen wir hinter den anderen her. »Oh Mann, hoffentlich geht das gut.« Als ich das Becken sehe, bin ich wie vom Blitz getroffen. Was heißt hier das Becken »sehen«. Ich kann's leider nicht sehen. Es ist komplett umgeben von einer hohen Hecke. Nur an drei Stellen gibt es Eingänge.

Von wegen drei Meter und reinspringen. Das sind mindestens 20 Meter zu Fuß. Was mache ich denn jetzt? Umdrehen! »Ich habe was vergessen«, werde ich sagen, »meine Badehose.« Und wenn einer zwei dabeihat, oder eine Turnhose? Da winkt schon einer, ruft uns herüber. »Da seid ihr ja endlich, los, zieht euch aus, wir gehen schon mal schwimmen.« Kann ich jetzt noch rausgehen, ohne mein Gesicht zu verlieren? Was soll ich am Abend erzählen? Meine Ausrede, keine Lust zu haben, ist auf jeden Fall dahin. Also, Augen zu und durch. Ich ziehe mich mit der Hilfe von Edgar aus und laufe, so schnell ich ohne Prothese kann, zum Wasser. Alle sind schon drin und niemand sieht, wie ich reinspringe. Glück gehabt! So ist schwimmen echt klasse. Ich liebe es. Nach fast einer Stunde kann ich nicht mehr. Die anderen haben längst eine Pause eingelegt. Die meisten sind bei ihren Handtüchern. »Also los«, denke ich, vermutlich haben sowieso schon viele gemerkt, dass mein rechtes Bein kürzer ist. Ich werde einfach auf den Boden sehen, dann merke ich nicht, ob ich angesehen werde. Ich setze mich, ziehe mir ein Handtuch über die Schultern und lege ein anderes auf die Beine. Niemand sagt etwas.

Abends kommt dann ein Mädchen auf mich zu: »Ich hätte mich das nicht getraut.« »Was kommt jetzt?«, denke ich. »Dass du einfach so ins Freibad gehst, ich hätte mich das nicht getraut. Du bist ganz schön mutig. Hattest du keine Angst, dass dich jemand auslacht?« »Klar, hatte ich, aber was hätte ich denn machen sollen? Wenn es jetzt noch zehn Tage so warm ist, dann kann ich doch nicht immer alleine auf dem Freizeitgelände bleiben.« »Ich freue mich, dass du mitgekommen bist. Ich finde, du bist nett«, verabschiedet sie sich von mir.

Die Freizeit ist 1 a. Vieles kann ich mitmachen, und wenn ich etwas nicht schaffe, bin ich trotzdem dabei.

Wer weiß, wie mein Leben verlaufen wäre, wenn ich damals und noch an vielen anderen Punkten meines Lebens nicht gelernt hätte, dass ich mutig bin. Und dass ich trotz meiner Behinderung, für die ich mich schämte, gemocht werde. Danke an das Mädchen, die den Mut hatte, mich zu bewundern. Danke an meinen Bruder, der nicht hinnehmen wollte, dass ich mich zum Außenseiter mache. Danke an alle Menschen, die in mir nicht den Behinderten gesehen haben, sondern den liebenswerten Menschen. Ihr habt mich leben gelehrt.

Warum der Titel dieses Buches Programm ist

Der Titel ist provokant und doppeldeutig. Das Zitat »lieber Arm ab als arm dran« ist von meinem Bruder Edgar. Es passt in mehrfacher Hinsicht zu meinem Leben und zu diesem Buch.

Zum einen lehnt der Titel einen zwingenden Zusammenhang zwischen meiner Behinderung und meinem Befinden ab. Ja, beide Unterarme fehlen mir seit meiner Geburt, doch hat dies nicht (und schon gar nicht automatisch) dazu geführt, dass ich »arm dran« bin. Was ich eigentlich mit »arm dran« meine, ist schwierig zu definieren. Den Ausdruck »der arme Junge« habe ich in meiner Kindheit oft gehört. So mancher Passant, der es sicher gut mit mir meinte, sprach meine Eltern mit diesen Worten des Mitleides auf mich an. So recht verstehen konnte ich das nie, denn ich hatte selten das Gefühl, »arm dran« zu sein. Vielleicht meinten die Menschen, ich hätte ein schweres Schicksal oder ich müsse auf Grund meiner Behinderung stets traurig sein. Möglicherweise meinten sie auch, meine Eltern und damit ich seien finanziell arm. Dieses Vorurteil hält sich hartnäckig in vielen Köpfen. Viele Menschen verbinden tatsächlich eine Behinderung mit finanzieller Not. Sollte das in Zukunft wieder eine begründete Annahme werden, so wirft das ein schlechtes Licht auf unsere Gesellschaft, nicht auf die Leistungsfähigkeit von Menschen mit körperlichen Grenzen. Oder glaubten die Menschen, die in mir einen Jungen sahen, der »arm dran« ist, ich sei geistig arm? Auch das begegnete mir hin und wieder. Es ist kein schönes Gefühl mit 15 Jahren in der Bäckerei angesprochen zu werden mit: »Na du, hast du Hunger?«

Weiter will ich mit dem Titel sagen: Wenn ich die Wahl hätte zwischen fehlenden Armen und »arm dran sein«, ich würde zweifelsohne die fehlenden Arme vorziehen. Meine Behinderung hat längst ihre Schrecken verloren, und sie belastet mich weit weniger, als allgemein angenommen wird. Es heißt übrigens bewusst lieber und nicht besser Arm ab. Aus meiner subjektiven Sicht ist es mir lieber, keine Unterarme zu haben, mich aber nicht »arm dran« zu fühlen. Für

14

andere Menschen mag ein Leben nur mit Oberarmstümpfen die reinste Katastrophe sein. Daher sage ich nicht, dass es grundsätzlich besser ist, »Arm ab« zu haben, als »arm dran« zu sein. Am liebsten wäre es mir natürlich gewesen, ich hätte Arme und wäre auch nicht »arm dran«. Wenn aber eines von beiden Wirklichkeit ist, dann ist mir »Arm ab« lieber.

Schließlich habe ich bewusst »arm dran« kleingeschrieben. Auch wenn meine Behinderung längst ihre Schrecken verloren hat und ein erfülltes Leben nicht verhindert, so hätte ich doch gerne Arme. Ich gehe nicht so weit, meine Behinderung als etwas Wünschenswertes zu beurteilen. Dann hätte ich »lieber Arm ab als Arm dran« schreiben müssen. Allerdings hat meine Behinderung tatsächlich auch etwas Gutes. Früher als andere und vielleicht tiefer als es einem Menschen ohne körperliche Behinderung möglich ist, meine ich begriffen zu haben, was im Leben wirklich wichtig ist. Meine Behinderung, so paradox es klingen mag, sie lässt mich dankbar und fröhlich das Leben genießen. Die schweren Erfahrungen sind oft die besten Lehrmeister für das Leben: Trauer, Unfälle, Schicksalsschläge, Behinderungen, sie verändern uns Menschen. Wer so etwas überlebt, verkraftet und verarbeitet hat, der sieht das Leben mit anderen Augen. Werte verschieben sich. Ich bin davon überzeugt, dass wir eine Kraft innehaben, die es uns ermöglicht, das Schwere zu tragen. Ich jedenfalls bin für vieles dankbar, was anderen selbstverständlich erscheint. Ich freue mich über das Geschenk des Lebens: Wenn ich mit meiner Mannschaft im Wettkampf stehe, wenn ich eine gelungene

Predigt gehalten habe, wenn ich meine Familie besuche und von küssenden Nichten und Neffen überfallen werde. Mein Leben ist schön, ein kostbares Geschenk und ich darf es genießen. Ich bin nicht »arm dran«!

Mein Anliegen

In diesem Buch vertrete ich die These, dass es keinen grundsätzlichen Unterschied von Menschen mit Behinderung und Menschen ohne Behinderung gibt. Ja, ich halte diese Einteilung nicht nur für falsch, sondern sogar für schädlich. Leider haben wir uns so sehr an diese Aufteilung gewöhnt, sie ist uns so selbstverständlich geworden, dass sie uns schon naturgegeben erscheint. Wir halten sie für die natürlichste Sache der Welt. Stattdessen meine ich, alle Menschen sitzen im gleichen Boot. Wir sind einerseits begrenzt (wir haben Hindernisse) und sind andererseits begabt (wir haben Möglichkeiten). Behinderung verstehe ich als ein Hindernis unter vielen anderen, mit denen Menschen leben müssen und leben können. Daher habe ich dieses Buch nicht nur für Menschen mit körperlichen und geistigen Grenzen geschrieben, sondern für alle, die sich mit Grenzen ihres Lebens beschäftigen.

Mit meinem Buch möchte ich Ihnen Mut machen, sich Ihren Grenzen zu stellen. Sicher ist es klasse, wenn wir eine Grenze überwinden können, etwa indem wir von einer Krankheit geheilt werden. Manchmal aber werden Grenzen gesetzt, die wir hinnehmen müssen. Dieses Buch erzählt davon, wie eine gesunde Einstellung zu unseren Grenzen zum Gelingen des Lebens beiträgt. Meine Behinderung ist nach dem Schwimmbaderlebnis nicht anders geworden. Anders geworden ist mein Umgang mit der Behinderung. Meine Angst und Scham sind gewichen.

Verändern von Einstellungen

Eine Behinderung zu haben, ist eine Sache – wie ich mit ihr lebe, eine ganz andere. Unser Dasein wird nicht nur durch unsere Lebensumstände geprägt, sondern auch durch unsere Einstellung zu ihnen. Handeln sich zwei Menschen eine Erkältung ein, so läuft der eine vielleicht zum Arzt, um sich mit allerlei Medizin zu versorgen, wohingegen der andere einen Arztbesuch nicht einmal in Erwägung zieht. Oder beide gewinnen eine Million im Lotto: Vielleicht kündigt einer sofort seine Stelle und bucht einen Südseeurlaub, der andere aber lebt weiter wie zuvor.

Es ist also nicht nur die Situation, die unser Verhalten prägt, sondern auch unsere Einstellung zur Situation. Meine Behinderung hat sich über mein Leben hinweg nicht verändert, meine Einstellung zu ihr sehr wohl. Ich bin kein Mediziner, der es vielleicht vermag, einen Arm wieder anzunähen, der durch einen Motorradunfall abgerissen wurde. Ich bin auch kein Orthopädiemechaniker, der hoffentlich den fehlenden Arm durch eine Prothese ersetzen kann. Ich bin aber ein lebensfroher Mensch ohne Unterarme. Sollte ich dem Motorradfahrer begegnen, so möchte ich ihm gerne vermitteln, dass es ein sinnvolles Leben nach dem Unfall gibt. Das Buch hat sein Ziel erreicht, wenn Menschen eine andere Perspektive zu ihren Einschränkungen gewinnen, wenn Sie Behinderungen, Hindernisse und Grenzen anders bewerten.

Wie sehr wir Menschen von unserer Sicht der Dinge bestimmt werden, wurde mir durch eine Begegnung klar: Während meines Theologiestudiums in Heidelberg habe ich mit sechs Freunden in einer Wohngemeinschaft gelebt. Wir haben gemeinsam ein Reihenhaus gemietet. Jeder und jede hatte sein bzw. ihr eigenes Zimmer. Gemeinsam haben wir das Erdgeschoss mit Wohnzimmer, Esszimmer und Küche genutzt. Immer wieder kam es vor, dass wir ein Fest gefeiert haben, zu dem wir viele Freunde einluden. Eines Tages kam eine Freundin von Gabriele zu einer solchen Fete. Nach meinem Geschmack eine ziemlich attraktive Frau. Etwa so groß wie ich, blonde lange Haare, ein bildhübsches Gesicht. Als das Buffet schon fast geleert ist und die Ersten anfangen zu tanzen, steht sie alleine im Eingang des Wohnzimmers. Ich stelle mich zu ihr, um sie kennen zu lernen. Wir reden und ich habe den Eindruck, dass wir uns gut verstehen. Die Musik wird lauter und immer mehr tanzen. Auch mir juckt es in den Füßen. Da legt Volker »I am what I am« von Gloria Gaynor auf. »Das ist ein Song, bei dem ich tanzen muss«, sage ich, »kommst du mit?« »Nein«, erwidert sie, »ich kann nicht tanzen.« »Wieso kannst du nicht tanzen, bist du grobmotorisch?«, versuche ich witzig zu sein. Aber sie fängt ganz ernst an zu erzählen. »Ich habe mal sehr viel getanzt, sogar richtig professionell, in der Bundesliga. Tanzen war mein Leben.« Und dann erzählt sie von ihrem Un-

fall – einem Sturz mit dem Fahrrad. Und von den Schmerzen, den körperlichen, aber mehr noch den seelischen. »Ich
musste den Profitanzsport abschreiben. Das Sprunggelenk
des linken Fußes ist nie mehr ganz funktionsfähig geworden. Immer noch fehlen 20 Prozent an Beweglichkeit. Deswegen hinke ich beim Gehen und noch mehr beim Tanzen.
Wenn ich heute tanze, fühle ich mich wie ein Tollpatsch.
Ich sollte mich wohl damit abfinden, nun (auch) behindert zu sein, auch wenn man es nicht so direkt sieht.« Wie
sie so erzählt, fange ich an, mich zu wundern: »20 Prozent
Bewegungseinschränkung«, denke ich, »die hätte ich auch
gerne. Was würde sie machen, wenn sie bei dem Unfall ihren Unterschenkel verloren hätte und nun eine Prothese
tragen müsste? Dann hätte sie einen echten Grund, das
Tanzen aufzugeben.« Und als könnte sie meine Gedanken
lesen, fügt sie an: »Für dich mit deiner Beinprothese muss
sich das bescheuert anhören. Aber für mich ist das wirklich schwer.« Da habe ich begriffen, dass ihre Perspektive
eine ganz andere ist als meine. Was für mich eine lächerliche Einschränkung ist, empfindet sie tatsächlich als Katastrophe. Aus ihrer Tänzerinnenperspektive hat ihr der Unfall
ganz viel Lebensqualität genommen. Sie hat Recht mit ihrer
Klage. Sie, die junge, attraktive Tänzerin hat eine völlig andere Sicht auf die Unfallfolgen als ich, der Gehbehinderte
und Unterarmlose. Wir deuten ein und dieselbe Einschränkung ganz unterschiedlich. Für sie bedeutet die Behinderung eine Katastrophe, für mich ist sie minimal. Sie meint,
allen fiele ihr unrhythmischer Gang auf, ich dagegen hatte
nur Augen für ihr Gesicht. Wir geben den Tatsachen in un-

serem Leben eine Bedeutung. Wir haben eine Einstellung zu den Situationen des Lebens. Ich schreibe also, damit sich Ihre Einstellung zu den Grenzen des Lebens ändert.

Befreien von Scham

Von zwei körperlichen Grenzen habe ich Ihnen bereits erzählt. Mit meinen fehlenden Armen bin ich groß geworden. Jeder im Dorf wusste Bescheid. Ich konnte und ich wollte diese Einschränkung nicht verstecken. Wie sehr ich mich für meine Beinbehinderung geschämt habe, haben Sie sicher in der Schwimmbadgeschichte mitempfunden. Die Einschränkung durch meine zu kurzen Arme ist eigentlich viel gravierender als meine Gehbehinderung. Schließlich kann ich mit Hilfe der Prothese recht gut gehen und laufen. Und doch empfand ich die Beinbehinderung als die schlimmere. Das mag zum einen daran gelegen haben, dass so eine Prothese ästhetisch nicht wirklich etwas hermacht – vielleicht auch daran, dass meine Arme nur zu kurz sind, aber ansonsten nicht hässlich aussehen. Mein rechtes Bein dagegen habe ich als »missgebildet, deformiert, verkrüppelt« empfunden. Das hat sich erst gelegt, als die Physiotherapeutin unserer Nationalmannschaft fasziniert das Muskelpaket des rechten Oberschenkels bewundert hat. Vor allem aber habe ich mich wohl so lange meiner Beinbehinderung geschämt, weil ich die Möglichkeit hatte sie zu verstecken. Ich musste diesen »Makel« nicht offenlegen. In langer Hose, so dachte ich wenigstens, bemerkt niemand meine Gehbehinderung. Sicher musste ich beim Sitzen immer mein rechtes

Bein ausstrecken, weil ja mein Kniegelenk viel zu nah an der Hüfte war. Aber als Kind war das nicht so auffällig, weil der Längenunterschied von rechts zu links noch nicht so groß war. Ich war nicht gezwungen, diese Behinderung vor anderen zuzugeben. Ich konnte sie verstecken, und das tat ich nach Möglichkeit auch.

Was für meine Beinbehinderung gilt, das gilt noch viel mehr für meinen dritten, bislang versteckten Defekt. Der fällt gar nicht auf. Bis zum Ende meiner Realschulzeit konnte ich ihn verschweigen. Dann allerdings hatte ich irgendwie meine Schultasche auf dem Schulhof verloren. Ich dachte, ich wüsste, wo ich sie abgestellt hatte. Doch als ich sie am Ende der Pause holen wollte, war sie weg. »Ob sie jemand geklaut hat«, dachte ich, »oder hatte ich sie doch woanders abgestellt?« In der nächsten Pause ging ich zum Hausmeister und meldete den Verlust. »Welche Farbe hat denn deine Schultasche«, fragte er. Ich musste nachdenken. »Die ist so dunkelrot, so ein Mischton, kann man gar nicht richtig sagen.« »Tut mir Leid, so eine habe ich nicht gefunden. Nur eine braune ist abgegeben worden, die da unten.« »Ähm, das ist meine Tasche«, meldete ich mich kleinlaut zu Wort. »Aber, die ist doch braun, richtig braun, keine Spur von Rot«, entgegnete er. Da musste ich bekennen, dass ich rot-grün-farbenblind bin. Ich sollte dann den Inhalt der Tasche beschreiben. Er glaubte mir und gab sie zurück. Da hatte ich es acht Schuljahre lang geschafft, Fragen nach der Farbe auszuweichen, und dann so eine Bloßstellung. Wenn wir in Mathe die Fensterfläche von drei verschiedenfarbigen Häusern bestimmen mussten, so gab ich zur Antwort:

»Das linke Haus hat die größte Fensterfläche«, statt »das rote Haus.«

Die Farbenblindheit ist für mich heute eine lächerliche Einschränkung, damals aber habe ich mich dafür geschämt. Wie viele Menschen gibt es, die enorme Energie aufwenden, um das Peinliche im eigenen Leben zu verstecken? Farbenblinde, Analphabeten, Alkoholiker, psychisch Kranke, ... Wie viele Menschen befürchten (leider manchmal zu Recht), dass sie abgelehnt, ausgelacht und abgesondert werden, wenn die vermeintliche Schwäche ans Tageslicht kommt? »Vermeintliche Schwäche« sage ich, denn wofür ich mich schäme, muss nicht unbedingt eine tatsächliche Schwäche sein. Wieso schämte ich mich meiner Farbenblindheit? Es ist ein Umstand, für den ich nichts kann. Ich habe keine Schuld, also dürfte niemand einen Grund haben, mich deswegen auszulachen. 8 Prozent der Männer teilen dieses Schicksal mit mir. Ich bin also auch kein Sonderling. Eine Brille zu tragen, ist nichts Schlimmes, doch in meiner Kindheit wurden viele deswegen ausgelacht. Wie leicht finden Menschen Gründe, über andere die Nase zu rümpfen.

Dieses Buch will Scham nehmen. Ich möchte Ihnen Mut machen, sich nicht für etwas zu schämen, was mancher zum Anlass nimmt, Sie auszulachen. Deswegen erzähle ich von meinen Erfahrungen. Mir wurde ein Lebensraum zuteil, in dem meine körperlichen Grenzen nicht zur Ausgrenzung geführt haben. Ein Lebensraum, in dem ich mit Stärken und Schwächen sein durfte. Verstehen Sie mich recht: Ich rede nicht davon, dass Sie ab sofort alle Ihre dunklen Seiten laut herumposaunen sollen. Ich halte nichts von Fernsehshows, in denen Menschen genötigt oder verführt werden (sei es durch Geld oder erhoffte Popularität), sich schutzlos der Öffentlichkeit preiszugeben. Schwächen und dunkle Seiten brauchen einen Schutzraum. Einen Ort, wo man sich öffnen kann, weil Vertrauen und Freundschaft herrschen. Einen Ort, wo man sich seiner selbst nicht schämen muss, weil Zuneigung wichtiger als Schwäche ist.

Wenn Sie Mut bekommen oder Angst verlieren, dann hat mein Buch sein Ziel erreicht. Vielleicht gibt es Dinge, zu denen Sie stehen könnten, es sich aber bisher nicht trauten. Wenn Menschen mir mitteilen, dass dieses Buch ihnen geholfen hat, mit Begrenzungen umzugehen, dann hätte sich das Buch gelohnt.

Einstellungen verändern durch Miterleben

Auf den vorhergehenden Seiten habe ich bereits viele persönliche Erfahrungen geschildert. Diese Erfahrungen ermöglichen Ihnen, sich in die Situationen hineinzuversetzen, hineinzufühlen, hineinzudenken, mitzuerleben. Sie nehmen also beim Lesen meine Perspektive ein. Wir Menschen lernen, indem wir neue Sichtweisen kennen lernen und diese plausibel finden.

Vielleicht haben Sie ähnliche Erfahrungen wie ich gemacht, vielleicht andere. Dieses Buch ist ganz bewusst aus meiner subjektiven Sicht geschrieben. Meine Erfahrungen mit meiner Begrenzung haben meine Einstellungen geprägt. Subjektiv heißt ja nicht, dass ich aus meiner Position nicht etwas grundsätzlich Richtiges erkannt habe. Ich bin mir ziemlich sicher, dass meine Anschauungen in Bezug auf Behinderungen richtig, ja »wahr« sind. Ich bin davon überzeugt, meine Grundthese stimmt: Die Aufteilung in Behinderte und Nichtbehinderte ist Blödsinn. Ich teile Ihnen also meine Sicht der Dinge mit und versuche, Sie an meinen Erfahrungen und meinem Erleben teilhaben zu lassen.

Kein Voyeurismus

Ich bin mir wohl bewusst, dass ich Ihnen mit den Schilderungen meiner persönlichen Erfahrungen intensive Einblicke in meine Gedanken und Gefühle gewähre. Wie eben erwähnt, bin ich kein Freund von Talkshows, in denen Menschen einen Seelenstrip hinlegen. Ich möchte kein Buch schreiben, das voyeuristische Bedürfnisse befriedigt. Wenn mich Kinder fragen, warum ich hinke, dann sage ich ihnen, dass ich eine Beinprothese trage, aber ich zeige sie nicht. Spiele ich aber ein Tischtennisturnier, dann freilich in Shorts. Da stelle ich meine Prothese nicht zur Schau, sondern agiere als Sportler.

Was für mich gilt, soll für alle Menschen gelten, von denen dieses Buch auch erzählt. Soweit es mir möglich gewesen ist, habe ich genannten Personen den Text gegeben und ihr Einverständnis eingeholt. Niemanden, weder mich noch andere, möchte ich bloßstellen.

Kritik an Utopien

Unsere Einstellungen werden vor allem von Vorstellungen und Erwartungen beeinflusst. Heute gibt es Kinder, die sind am Ende des Weihnachtsfestes todtraurig, weil sie nicht so viel geschenkt bekommen haben, wie erwartet. Das mag ein banales Beispiel sein, doch es zeigt, was auch im Großen zutrifft. Je höher meine Erwartungen sind, desto leichter werden sie enttäuscht. Wer glaubt, er habe ein Recht auf ein völlig unversehrtes Kind, der wird maßlos enttäuscht sein, wenn das Baby schielt. Ich stelle in unserer Gesellschaft eine bedenkliche Tendenz fest. Uns werden immer öfter »Utopien über das Leben« verkauft. Die Fortschritte in der Medizin und Gentechnik wecken die Illusion, dass Krankheiten zu besiegen sind. Alternative Heilmethoden versprechen den völligen Einklang mit sich, der Natur und dem Kosmos. Um nicht missverstanden zu werden, ich begrüße den medizinischen Fortschritt und freue mich über alternative Heilmethoden, die Krankheiten lindern oder besiegen. Aber zuweilen werden Hoffnungen und Illusionen geweckt, die uns Menschen krank machen. Falsche Versprechungen, übertriebene Hoffnungen, unrealistische Vorstellungen, sie belasten unser Leben ähnlich stark, wie es schlechte Lebensverhältnisse können. Ich ringe daher in diesem Buch um einen »gesunden« Umgang mit Begrenzungen.

So schädlich Utopien sind, so schädlich sind Weltuntergangsszenarien. Einer Mutter wurde nach der Geburt ihres schwer mehrfach behinderten Sohnes prognostiziert (geweissagt?), er werde nur wenige Wochen leben. Heute ist er acht Jahre alt. Als bei einer Untersuchung herauskam, dass meine rechte Hüfte nicht aus Knochen, sondern aus Knorpel besteht, orakelte der Arzt, ich werde wohl mit 20 Jahren im Rollstuhl sitzen. Zum Glück habe ich das nicht geglaubt. Wenn unsere Vorstellungen über das Leben, über Behinderungen und Grenzen der Realität angemessen sind, haben wir gute Chancen, trotz mancher Lasten glücklich zu werden. Die Frage ist also: Was ist der Realität angemessen, und wer bestimmt, welche Vorstellungen vom Menschen und vom Leben richtig und gut sind?

Damit Sie wissen, wer schreibt: Meine Geschichte

Meine Geburt – ein Schock

Der Tag meiner Geburt war für meine Eltern ein Schock. Ich kam ohne Unterarme zur Welt und mit einem verkürzten rechten Oberschenkel. Es war eine Sturzgeburt, daher schafften es meine Eltern nicht rechtzeitig ins Krankenhaus. Mein Vater klingelte die Hebamme aus dem Bett. Mitten in der Nacht wurde ich im elterlichen Haus geboren. Als meine Großmutter mich am nächsten Morgen zu Gesicht bekam, lief sie fassungslos zu Nachbarn und Freunden und sagte immer wieder: »Der Junge hat keine Arme, der Junge hat keine Arme!« Die Nachricht verbreitete sich wie ein Lauffeuer im 450-Seelen-Dorf Gaderoth. So was hatte niemand erwartet. Ja, im Fernsehen, da sah man sie hin und wieder, die armen Kinder, wie sie verkrüppelt in ihren Bettchen lagen. Es war die Zeit der Gründung der Aktion Sorgenkind (heute Aktion Mensch[1]). Indem Mitleid erregende Bilder von verwahrlosten Kindern über den Äther gesendet wurden, versuchte man Geldspenden für behinderte Menschen zu sammeln. Die Strategie ging auf. Vie-

---

1 Zur Rettung der Aktion Sorgenkind ist zu sagen, auch diese Initiative hat einen Lernprozess durchgemacht. Heute heißt sie »Aktion Mensch« und zeichnet in ihren Werbespots ein ganz anderes Menschenbild. Sie leistet hervorragende Arbeit.

len wurde geholfen. Aber es gab auch die Kehrseite der Medaille. Die Bilder setzten sich tief in das Bewusstsein der Menschen. Fortan dachte man bei »Behinderung« automatisch auch an Leid, Verwahrlosung, Armut, Tränen, … Das Bild, das viele Menschen sowieso schon hatten, verfestigte sich. Mitleid konnte man mit diesen armen Geschöpfen haben. Das ist doch kein Leben. Die können doch nichts alleine machen. Und nun wurde so ein Kind bei uns geboren, in unserem kleinen Dorf.

Meine Oma war es denn auch, die den Gedanken äußerte, meine Eltern könnten diesen Schicksalsschlag nicht verkraften: »Wir müssen ihn weggeben, in ein Heim«, schlug sie vor. Zum Glück ließen meine Eltern diesen Gedanken gar nicht erst zu.

Dass die Schwangerschaft irgendwie anders war als bei meiner 4½ Jahre zuvor geborenen Schwester, hatte meine Mutter gespürt: »Du hast so gestoßen und geklopft. Vermutlich hast du mit deinen Armstümpfen gegen meinen Bauch geschlagen.« Aber es gab damals noch keine Untersuchungsmethoden, die meine Eltern hätten vorbereiten können. Auf einem Ultraschallbild wäre meine Behinderung sichtbar gewesen. Aus meiner heutigen Perspektive sage ich, zum Glück gab es damals noch keine Ultraschalluntersuchung. Sie hätte mich Kopf und Kragen kosten können. Meine Eltern haben mir allerdings glaubhaft versichert, ein Schwangerschaftsabbruch sei für sie auf keinen Fall in Frage gekommen. Glück gehabt!

Zu dem Schock, ein behindertes Kind zu haben, kam für meine Eltern die Frage: »Wie konnte das passieren?« Der

Frauenarzt meinte als Ursache für meine fehlenden Unterarme ausmachen zu können, sie seien durch die Nabelschnur kurz nach ihrer Ausbildung abgeschnürt worden. Für meine Beinbehinderung fehlte ihm eine Erklärung. Immer wieder wurde meine Mutter gefragt, ob sie das Anfang der 60er-Jahre vom Markt genommene Medikament Contergan eingenommen hätte? Manchmal ging man auch einfach davon aus. Doch meine Mutter war sich sicher, keine Medikamente, kein Alkohol, kein Nikotin konnten als Ursache in Frage kommen. Der Grund blieb im Dunkeln.

Erst später, als meine Schwester Kinder haben wollte, konsultierte sie ein medizinisches Institut in Köln, um überprüfen zu lassen, ob meine Behinderung genetisch bedingt sei. Bereits wenige Bilder gaben Aufschluss. »Diese Art von Behinderung ist vermutlich durch eine sehr seltene Stoffwechselstörung am Beginn der Schwangerschaft verursacht. Nur wenn diese Störung zwischen dem 20sten und 40sten Tag nach der Empfängnis auftritt, hat sie Auswirkungen auf den Embryo. Bei einer Millionen Geburten sind durchschnittlich zwei Kinder betroffen«, teilte ein Arzt mit.

Noch ein Weiteres teilte der Frauenarzt meinen Eltern nach meiner Geburt mit: »Sie können keine weiteren Kinder mehr bekommen, die Gebärmutter hat Schaden genommen, sie ist vernarbt, da kann sich kein Ei mehr einnisten.« Diese Prognose – als Diagnose getarnt – war zum Glück reine Spekulation. Aber sie bewirkte, dass meine Eltern sich mit der Tatsache abfanden, keine weiteren Kinder mehr bekommen zu können. In den ersten Monaten nach meiner Geburt ging es meiner Mutter emotional schlecht. Sie bekam leichte Beruhigungsmittel. Doch nachdem der erste Schrecken bewältigt war, normalisierte sich das Leben im Hause Schmidt. Und dann, neun Monate nach meiner Geburt, stellte der Frauenarzt eine erneute Schwangerschaft meiner Mutter fest. Natürlich hatten meine Eltern der Meinung des Arztes Vertrauen geschenkt und also auf Verhütung verzichtet. Was für ein Glück für meinen Bruder. Nun war meine Mutter also wieder in anderen Umständen. Und diesmal im wahrsten Sinne des Wortes. Unter solchen Umständen hatten meine Mutter und mein Vater noch nie gelebt. Acht Monate lang bange Fragen: »Wird das Kind gesund sein? Wird es Arme haben? Wie sollen wir verkraften, wenn auch dieses Baby behindert ist?« Trotz des Risikos dachten meine Eltern mit keinem Gedanken an einen Abbruch. »Es ist ein Kind, unser Kind, schon jetzt«, war ihre Einstellung. Und natürlich war da auch Hoffnung. »Vielleicht geht alles glatt? Diesmal wird es ein Prachtkind mit allem drum und dran!«

Der Tag der Geburt meines Bruders war für meine Eltern ein Glück. Er kam mit Unterarmen zur Welt und mit einem normal langen rechten Oberschenkel. »Das war der glücklichste Tag meines Lebens«, bekennt meine Mutter noch heute. Und ich bin sicher, Sie können die Erleichterung und Freude meiner Mutter, meiner Eltern nachempfinden.

Ich selbst spürte von all den Fragen, all den Sorgen und schließlich der Erleichterung nichts. Trinken und Schlafen waren meine Lieblingsbeschäftigungen. Wie jedes andere Baby fing ich an zu krabbeln, wenn auch etwas tollpatschiger. Erst als ich laufen wollte, gab es erste Schwierigkeiten.

Ich fiel doch immer um. Blöd, wenn ein Bein kürzer ist. Auf ärztlichen Rat hin brachten meine Eltern mich ins Eduarduskrankenhaus nach Köln. Hier sollte ich mit einer Beinprothese versorgt werden, damit ich mir erst gar nicht angewöhnte, mit schiefer Körperhaltung zu gehen. Mit neun Monaten kam ich zum ersten Mal ins Krankenhaus, dann über ein Jahr hinweg immer wieder für ein paar Wochen.

Glückliche Kindheit

Ob meine Kindertage für meine Eltern, insbesondere für meine Mutter so glücklich waren, wage ich zu bezweifeln. Schoben andere Mütter den Kinderwagen stolz durch die Straßen, hoffend, dass jemand kam, um das Kind zu sehen, so versuchte meine Mutter anfangs, meine Arme unter einem weiten Poncho zu verstecken. Eigentlich war das überflüssig, denn im Dorf wussten ohnehin alle Bescheid. Meine Behinderung verstecken zu wollen, das entsprang wohl ihrem Lebensgefühl. Vielleicht war es der Versuch, das bedrückende Thema wenigstens für eine Weile aus dem Bewusstsein zu bannen. Vielleicht war es die Scham, ein »minderwertiges« Kind zu haben. Mag sein, meine Mutter wollte vermeiden, immer wieder nur auf dieses eine Thema angesprochen zu werden. Ob der Bub schon Zähne kriegt und wie viel er schon zugenommen hat, das wird relativ zweitrangig angesichts einer Behinderung. Zweitrangig zumindest für Fremde, meine Mutter wäre gerne mal darüber befragt worden.

Ich erlebte meine Kindheit als überaus unbeschwert und glücklich. Das kleine Dorf bot alles, was ich zum Leben brauchte. Es gab viele Kinder, mit denen ich spielen konnte. Mein Bruder Edgar, meine Cousins Frank und André von nebenan und etliche andere. Wir waren, wenn es eben ging, draußen. Unterhalb unseres Hauses war ein kleiner Wald – von uns Wäldchen genannt. Der Bach in seiner Mitte kam uns wie ein Fluss vor. Wenn er viel Wasser führte, war es unmöglich mit einem Satz darüberzuspringen. Oft haben wir ihn gestaut mit einem Lehmwall. Froschlaich haben wir gesucht oder kleine Fische verfolgt. Im Lehmboden des Waldes haben wir Höhlen gegraben. Manchmal gelang uns eine Deckenkonstruktion aus Balken und Holz, sodass wir zu dritt oder viert hineinpassten.

Oft sind wir zum Bolzplatz gelaufen und haben Fußball gespielt. Meistens wurde ich als Letzter gewählt. Mit meiner Prothese war ich nicht der Schnellste und »Dribbelkönig« hat mich auch niemand genannt. Aber ich durfte immer mitspielen. Und einmal sogar – als wir alle längst zur Schule gingen, durfte ich im Spiel gegen den Nachbarort Breunfeld einen Freistoß in der Endphase des Spiels schießen. Ich sehe den Schlenzer noch vor mir. Mit links um die Mauer gezirkelt, genau in den Winkel, unhaltbar. Begraben lag ich unter den Mannschaftskameraden, umarmt vor Freude. Müde und glücklich kamen wir dann nach Hause, oft genug völlig verdreckt. Ich befürchte, eine Waschmaschine im Dauereinsatz und eine fleißige Mutter, die alles wieder sauber macht, war für uns die selbstverständlichste Sache der Welt.

Mit meinem Bruder Edgar teilte ich mir ein Zimmer. Es

war so klein, dass wir in einem Etagenbett schliefen. Wenn wir abends zu Bett gebracht wurden, betete unsere Mutter mit uns. Wir dankten für den Tag und für alles, was wir erlebt hatten. Mit einem Kindergebet schloss meine Mutter ab. Kaum war sie weg, erwachte unsere Fantasie. Wir erfanden Geschichten, die wir später einmal erleben würden.

Es war nicht immer friedlich in unserem Dorf. Streit und Frust entluden sich schon mal in einer Klopperei. Auch mich hat es hin und wieder erwischt, selbst wenn sich die Kinder meist gescheut haben, mich zu schlagen. Einen Wehrlosen zu hauen, das war verpönt. Dabei war ich gar nicht so wehrlos. Im Bodenkampf brachte meine Beinprothese echte Vorteile. Links und rechts an meinem Schienbein entlang liefen Eisenschienen. War jemand unachtsam und geriet zwischen meine Beine, genügte ein kleiner Druck, um dem anderen wehzutun. Dann konnte ich alles erreichen: »Gibst du auf?«, fragte ich, was den Stolz des anderen verletzte. Ich musste diese Frage selten öfter stellen, denn wer einmal in der Beinklemme saß, hatte keine Chance mehr zu entrinnen.

Ich vermute, meine Kindheit war so normal, wie die der anderen Kinder im Dorf. Meine körperliche Grenze wurde kaum wahrgenommen. Das mag unglaubwürdig klingen, wenn man sich die Schwere meiner Behinderung vor Augen führt. Aus meiner Perspektive war es so. Und außerdem gab es viel weniger Grenzen, als man annehmen könnte. Es war ja immer jemand da, der mir helfen konnte. Kam ich nicht alleine über den Zaun aus Stacheldraht, so hielten zwei den Draht so auseinander, dass ich durchkam. Konnte ich die

Umrissfigur nicht genau genug ausschneiden, so bat ich jemand anderen, dies zu tun.

Schulzeit

Eine entscheidende Weiche wurde mit meiner Einschulung gestellt. Im Oberbergischen Kreis gab es damals keine Sonderschule für Körperbehinderte. Also kam der Landschaftsverband Rheinland (der zuständige Kostenträger) auf die pragmatische Idee, mich in einer Werkstatt für geistig Behinderte »einschulen« zu wollen. Die Fahrtkosten zur nächstgelegenen Schule für Körperbehinderte wollte man sich sparen. Meine Eltern waren empört. Als wäre das Leben mit einem Sohn, der körperliche Einschränkungen hat, nicht schon genug an Belastung, legte man ihnen jetzt auch noch Steine in den Weg. Statt unsere Familie in ihrem Bemühen zu unterstützen, mich in einem möglichst guten Umfeld aufwachsen zu lassen, versuchte der Landschaftsverband dies zu verhindern. Für meine Eltern war es unerträglich, dass ökonomische Kriterien wichtiger sein sollten als mein Recht auf eine angemessene Schulbildung. Eine Woche fuhr mich meine Mutter mit dem Auto in die Sonderschule für Körperbehinderte nach Rösrath-Kleineichen. 50 Kilometer bis zur Schule. Hin und zurück, morgens und abends. Dann willigte der Landschaftsverband in die Übernahme der Fahrkosten ein. Ab jetzt kam jeden Morgen ein Kleinbus des Arbeitersamariterbundes, um mich zur Schule zu bringen.

Mein erster Schultag war schrecklich. Schon auf dem Weg vom Parkplatz zur Schule sah ich ganz seltsame Gestalten. Manche saßen in einem Stuhl mit Rädern und wurden geschoben. Andere hatten an den Schultern ein paar Finger, aber keine Arme. Wieder andere humpelten und kamen scheinbar nur mühevoll vorwärts. Zum ersten Mal in meinem Leben sah ich Menschen, die behindert waren. Ich fing an zu weinen. Die waren alle so seltsam hier. So ganz anders als die Kinder aus meinem Dorf.

Nein, hier wollte ich nicht zur Schule gehen, hier nicht. Was sollte ich hier?

Es hat ein paar Tage gedauert, bis ich diesen Kulturschock verkraftet hatte. Die Lehrerin war nett und so nach und nach lernte ich ein paar Namen kennen. In dieser Zeit wurde mir zum ersten Mal richtig bewusst, dass ich genauso seltsam aussah wie die Kinder in dieser Schule. »Ich habe keine Arme«, sagte ich zu mir selbst. Immer wieder habe ich meine Arme betrachtet. Manchmal habe ich sie mit denen eines anderen Kindes verglichen. »Ich bin wohl hier, weil ich ebenfalls anders bin«, erkannte ich. Und auch wenn die anderen seltsam aussahen, sie waren nicht seltsam. Mit und mit achtete ich immer weniger auf Äußerliches und entdeckte neue Freunde. Das einzig Ärgerliche an der Schule war, ich musste immer bis halb vier dableiben. Wenn ich dann nach Hause kam, konnte ich kaum noch mit den anderen spielen.

Ich wechselte zur Realschule nach Köln. Wieder eine Sonderschule. Erst als absehbar war, dass ich die Klasse 10 mit ziemlich guten Noten abschließen würde, kam mir der Gedanke, ich könne auch auf eine »normale« Schule gehen. Warum sollte ich die Oberstufe nicht am städtischen Gymnasium absolvieren? Immerhin könnte ich mir die langen Wege sparen. Ich machte einen Termin beim Direktor des Dietrich-Bonhoeffer-Gymnasiums in Wiehl, Herrn Heidtmann. Etwas unsicher erzählte ich von meiner Idee, bangend, wie er reagieren würde. »Was müssen wir für Sie verändern, wenn Sie zu uns kommen?«, fragte er. »Können Sie Treppen gehen? Brauchen Sie eine umgebaute Toilette?« »Nein, nichts von alledem. Vielleicht kann ich nicht so schnell wie andere schreiben.« »Na, wenn das alles ist, das lässt sich leicht klären. Beantragen Sie einfach bei den Klausuren eine Verlängerung Ihrer Schreibzeit. Herzlich willkommen an unserer Schule!« Ich war aus dem Häuschen. Wie unkompliziert das ging.

Die Oberstufe war klasse. Schnell habe ich neue Freunde gefunden. Schon nach kurzer Zeit beachteten meine Mitschüler und Mitschülerinnen mein Anderssein nicht mehr. So anders war ich ja auch nicht. Wer Mathe lernt, tut das mit dem Hirn, nicht mit den Händen. Und in Deutsch konnte ich meinen Mund gut gebrauchen. Sogar Sport konnte ich mitmachen. Und wäre es nicht gegangen, ich bin mir sicher, Herr Heidtmann, der Direktor, hätte eine Ausnahmeregelung gefunden. Manche Freundschaft aus dieser Zeit besteht immer noch.

Das Beste aber war, ich konnte mich nun auch außerhalb der Schulzeit verabreden. Bislang wohnten meine Freunde weit weg. Jetzt gab es nur noch kurze Wege. Auch genoss ich die freien Nachmittage. Jetzt war ich so normal wie jeder andere.

Tischtennis – eine besondere Karriere

Lassen Sie mich ein wenig von meinem Sport erzählen. Mir liegt daran, dass sie beim Lesen entdecken, welche Rolle meine körperlichen Besonderheiten für den Sport bzw. der Sport für mein Lebensgefühl gespielt hat und spielt.

Ich war 12 Jahre alt. Im Sommer 1977 fuhr unsere Familie nach Österreich in das kleine Dorf Tamsweg. Meine Eltern wandern gerne, ich nicht. Ich glaube, das Dorf war noch kleiner als unser eigenes. Kein Spielplatz, kein Fußballplatz, nichts. Aber eine Tischtennisplatte, draußen, jederzeit bespielbar. Mein Bruder und die anderen des Dorfes spielten gerne. Ich habe es auch probiert. Den Schläger mit beiden Armen festgehalten und dann geschlagen. Selten kam ein Ball auf der anderen Seite an. Und nach ein paar Bällen hatte ich kaum mehr die Kraft den Schläger zu halten, meine Arme waren einfach zu kurz. Also gab ich auf. Fortan habe ich gezählt, wenn die anderen spielten. Eines Tages sah ein Urlaubsgast aus unserer Pension zu, Herr Lutz. Er sprach mich an: »Willst du nicht auch mitspielen?« »Doch, das würde ich gerne. Ich hab's auch schon ausprobiert, aber ich kann den Schläger nicht festhalten.« Er grübelte nach. »Ich werde mir was einfallen lassen«, versprach er. Am nächsten Tag kam er wieder zur Tischtennisplatte. Er hatte Schaumstoff dabei und Schnüre. Eine erste Lage Schaumstoff legte er um meinen Arm, dann kam der Schläger und dann noch einmal Schaumstoff. Das alles band er mit den Schnüren fest. Die Kinder ließen mich ausprobieren. Der Schläger wackelte zwar ein wenig, aber nun kam ich viel besser an die Bälle und konnte richtig mitspielen. Er hat dann noch ganz schön lange getüftelt, bis der Schläger so gut saß, dass die Schnüre sich nicht mehr in meinen Arm bohrten und bis nicht immer die Konstruktion auseinanderfiel, wenn ich den Schläger ablegte. Fortan war ich begeisterter Tischtennisspieler (auch, wenn ich immer verlor).

Aus dem Urlaub zurück, wollte mein Cousin Frank in einen Tischtennisverein gehen, den TTG Homburg. Das hielt ich für eine gute Idee und so ließen wir uns zusammen zum ersten Training fahren. Ich hatte ganz schön Bammel. »Die sind doch bestimmt viel zu gut für mich und wollen gar nicht mit mir spielen«, machte ich mir Sorgen. Über 30 Kinder und Jugendliche waren in der Halle. Mein Vater ging mit mir zum Trainer und fragte, ob ich mitspielen könne. Er sah sich meinen Schläger an. »Ich weiß nicht, ob ich dir viel beibringen kann, aber vielleicht findest du ja selber raus, wie du am besten spielen kannst.« Er begleitete mich an eine Platte und wies mir einen Partner zu. Mir machte es wahnsinnigen Spaß. Am Abend habe ich mich gefreut wie ein König. Rainer Schmidt spielt in einem Tischtennisverein!

Mit der Zeit wurde ich besser, ein wenig besser. Der Schläger, der es mir ermöglicht hatte zu spielen, begrenzte inzwischen meine Möglichkeiten. »Der wackelt einfach zu viel, als dass ich richtig zielen kann«, erzählte ich meinem Vater. Und dann wurde nachgedacht. Mein Vater arbeitete damals noch in der Achsenfabrik »Kotz und Söhne«. Dort gab es manches nützliche Material. So auch eine leichte Kunststoffröhre, die mittels Fräse konisch ausgedreht wurde, bis mein Arm genau hineinpasste. Auf der Rückseite wurde ein stabiler Holzstab angebracht und daran ein handelsüblicher Tischtennisschläger befestigt. Mit Hilfe von Klettverschlüssen konnte ich den Schläger fest an meinen Arm binden. Das war ein Gefühl. Endlich konnte ich den Ball dahin spielen, wo ich ihn platzieren wollte. Gute Hilfsmittel erleichtern das Leben ungemein.

Zwei bis drei Mal in der Woche haben wir trainiert. Ich wurde Spieler in einer Jugendmannschaft. Als ich 15 Jahre alt war, sprach mich nach einem Spiel ein Mann an, Adolf Krenzke: »Ich habe dich spielen sehen, du bist gut. Willst du nicht auch im Behindertensport aktiv sein?« Behindertensport? Ich hatte noch nie gehört, dass es so etwas gab. »Da tritt man gegen Spieler an, die eine ähnliche Behinderung haben.« Er lud mich zu einem Training nach Wipperfürth ein und erzählte mir, es gäbe wie im Nichtbehindertensport verschiedene Spielklassen, Turniere, ja sogar Landesmeisterschaften und deutsche Meisterschaften. Ich meldete mich bei der VSG Wipperfürth an. Bereits in meinem ersten Jahr konnte ich an der Landesmeisterschaft NRW teilnehmen und wurde dort von der damaligen Bundestrainerin gesehen. Sie lud mich zu einem Tischtennis-Lehrgang ein. Ich gehörte nun zum Nachwuchs für die deutsche Tischtennisnationalmannschaft. Auf einem der Lehrgänge lernte ich Gotthilf Majer kennen. Er spielte in meiner Startklasse, hatte also eine ähnliche Behinderung wie ich. Seine Arme waren etwas länger und so hielt er den Schläger zwischen den Armen gepackt. Ich sah mich wegen meiner größeren Reichweite im Vorteil. Das änderte sich nach dem ersten Spiel. Er ließ mir nicht den Hauch einer Chance.

1983 nahm ich in Ingolstadt zum ersten Mal an einer Europameisterschaft teil. Ich gewann kein einziges Spiel. Doch meine Motivation war riesengroß. Ich verbesserte mich stetig und 1986 war es dann so weit. In Dijon, Frankreich, wurde ich Weltmeister. Sowohl im Halbfinale wie im Finale konnte ich einen großen Rückstand aufholen. Was für ein Gefühl! Es folgten noch viele schöne Momente und noch viele Medaillen. Manche Augenblicke sind verblasst, doch einen werde ich nie vergessen:

1992 fuhr ich nach Barcelona zu den Paralympics. Immerhin als amtierender Weltmeister. Doch diesmal stand mir der Sinn nicht nach Tischtennis. Vier Wochen zuvor hatte sich meine Freundin Antje von mir getrennt.

Ich war niedergeschlagen. Die Freude und Aufregung, die meine Teamkollegen ergriffen hatten, sie drangen nicht bis zu mir. Ich machte alles mit und funktionierte. Doch meine Enttäuschung konnte und wollte ich nicht verstecken. Achim Sialino, unser Co-Trainer, lud mich zu einem Spaziergang ein. »Was ist los mit dir, du wirkst so niedergeschlagen?« Ich erzählte die ganze Geschichte. Wie wir uns verliebt hatten, wie schön es war, mit ihr zu telefonieren, wie freundlich ich in ihrer Familie aufgenommen worden war und dass wir vor vier Wochen unseren Urlaub abgebrochen haben. »Ich kann verstehen, dass dich die Trennung bewegt. Aber du musst entscheiden, ob es noch andere wichtige Dinge für dich gibt oder nicht. Jetzt sollte die Medaille dein Ziel sein. Wenn du hier ins Finale kommst, kann dir das niemand mehr nehmen. Willst du diese Chance vergeben?« Nein, ich wollte nicht und kämpfte gegen den Frust an.

Doch der Wettkampf lief schlecht. Schon gegen vermeintlich schwache Gegner musste ich kämpfen. Kassierte ich einen Netz- oder Kantenball, so ärgerte ich mich darüber und verlor die Konzentration. Immer wieder wich ich von der Taktik ab. Zum Glück spielten wir zuerst den Teamwettbewerb. Mit Ach und Krach schlugen wir uns bis ins Finale gegen Dänemark durch. Ich musste gegen Brian Nielsen antreten, die Nr. 2 der Weltrangliste. Und ich bekam eine Packung sondergleichen. Einen Satz verlor ich sogar 21:9. Aber immerhin: Wir hatten Silber gewonnen.

Im Einzelwettbewerb wurde es nur langsam besser. Fast jedes Spiel war knapp und oft war ich am Rande einer Niederlage. Meine Trainer brachten mich mit taktischen Finessen und heftiger Anfeuerung bis ins Finale. Und wieder sollte mein Gegner Brian Nielsen sein. Der Finaltag kam. Ich war nervös. »Der führt mich vor«, befürchtete ich. Es ist nicht schön, vor 12 000 Zuschauern demontiert zu werden.

Eine Stunde vor dem Wettkampf, ich hatte mich bereits eingespielt, kam unser Bundestrainer, Paul Klingen, zu mir: »Wir werden ihn überraschen!« »Was hast du vor?«, fragte ich. »Brian ist zu gut für dich in diesem Wettkampf. Wenn wir nichts ändern, hast du keine Chance.« Und dann berichtete er mir von seiner Beobachtung: »Niemand in diesem Turnier wagt es, gegen den starken Linkshänder Nielsen einen langen Aufschlag in seine Vorhand zu machen, möglichst bis an die Tischkante. Alle befürchten wohl, dass Brian sofort angreift. Aber vielleicht ist er einen solchen Aufschlag auch gar nicht mehr gewohnt. Du spielst deine ersten beiden Aufschläge mit viel Seitenschnitt schnell in seine Vorhand. Wenn er sie nicht gut zurückspielt, dann weiter so. Sonst wechselst du wieder zu kurzen Aufschlägen in die Tischmitte.«

Der Hallensprecher kündigte das Endspiel der Startklasse 6 an, das letzte des Tages. Begleitet von Musik zogen wir hinter einem Offiziellen in die Halle ein. 12 000 Menschen applaudierten. Mein Herz schlug mir bis zum Hals. »Two minutes«, sagte der Schiedsrichter und gab damit das Einspielen frei. Ich gewann die Wahl und wollte als Erster aufschlagen. Langer Seitschnittball weit in die Ecke seiner Vorhand. Brian war völlig überrascht durch den unorthodoxen Aufschlag. Er machte eine kurze Bewegung und sah dann, dass er den Ball nicht mehr kriegen würde. 1:0. Ich spielte die gleiche Angabe, in der Hoffnung, er habe den Oberschnitt nicht bemerkt. Brian zog den Ball voll durch, aber er ging weit über den Tisch hinaus. 2:0. Nun mit Unterschnitt, dachte ich. Diesmal wählte Brian einen Abwehrball. Sofort zog ich nach und versenkte den Ball in der tiefen Rückhand. 3:0. Brian schwitzte – ich hoffte vor Angst. Der erste Satz ging so schnell zu Ende, dass es ihm wie ein böser Traum vorkommen musste.

Anfangs des zweiten Satzes war das Spiel völlig offen. Ich witterte meine Chance und riskierte alles. Wieder konnte ich einen leichten Vorsprung rausarbeiten. Längst hörte ich den Applaus der 12 000 nur noch im Hintergrund. Meine Teamkollegen schrien sich die Lunge aus dem Hals. Und doch konnte ich in diesem Lärm die Stimme meines Trainers gut verstehen. »Überrasche ihn mal mit einem kurzen Überschnittaufschlag!« Ich lebte in einem Tunnel. Vor mir der Tisch, mit Brian auf der anderen Seite. Hinter mir der Coach mit seinen ruhigen und klaren Anweisungen. Gegen Ende des Satzes holte Brian auf. Immer näher kam er heran. Vermutlich hat mein Team längst gezittert, ich möge diesen zweiten Satz nach Hause bringen. Im dritten könnte ich womöglich keine Chance mehr haben. Ich dachte nur an den kleinen Ball und feuerte mich an: »Spiel weiter, los, greif ihn an.« 20:19, Matchball. Der Beifall verebbt. Ruhig liegt der Ball auf meinem Schläger. »Spiel einen schnellen Aufschlag, viel Seitenschnitt, genau auf seinen Spielarm. Überrasche ihn!«, denke ich. Ich sehe den Punkt vor mir, dort muss der Ball hin. Brian reagiert gut. Nimmt die Rückhand: Noppen, kontert den Ball. Ich weiß, dass ich nicht kontern darf, also schaffe ich den Schritt zurück, schneller Topspin in seine tiefe Rückhand. Er kann den Ball nur mit wenig Tempo zurückheben. Meine Chance. Ich ziehe den Ball voll durch, tiefe Vorhand. Kurz vor dem Boden ist er da: Abwehrball, aber viel zu kurz. Mit dem ganzen Körper werfe ich mich in den Schmetterball. Der Ball schießt an ihm vorbei und klatscht gegen die Bande. Ich reiße die Arme empor und im selben Augenblick umhüllt mich das Tosen von 12 000 jubelnden Zuschauern. Erst jetzt sehe ich sie wieder: meine Teamkollegen, die fast heiser sind, meinen Coach, dessen Taktik so erfolgreich aufging, und die vielen Zuschauer, die mich in ihr Herz geschlossen hatten. Alle laufen sie auf mich zu. Ich ertrinke in ausgestreckten Händen. Blitzlichter blenden mich. Ein Augenblick größten Glücks.

Ob ich während des Spiels an meine Behinderung gedacht habe? Kein Gedanke! Ob ich mir gewünscht habe, ohne Arme bei der Olympiade zu spielen? Keine Spur! Ich habe Tischtennis gespielt, nur Tischtennis – sonst nichts. Ich stehe nicht als Behinderter am Tisch, sondern als Athlet. Mein Traum war in Erfüllung gegangen. Die letzten Tage und Nächte in Barcelona haben wir durchgefeiert.

Glaube verändert – Glauben verändern

Als Kind schlief ich nie ohne Gebet ein. Die Existenz Gottes war für mich eine Selbstverständlichkeit. Ich fühlte mich geborgen. Von meinen Eltern wurde ich zum Kindergottesdienst gebracht. Ich war zwölf Jahre alt, als meine Schwester mir mitteilte, sie müsse mit mir reden. Sie reservierte die Küche für uns. Zwei Stunden lang erklärte sie mir »den christlichen Glauben«: »Alle Menschen sind Sünder. Das macht Gott traurig und wütend. Eigentlich müsste Gott dich bestrafen. Er will dich aber nicht bestrafen. Deswegen hat Gott seinen Sohn Jesus auf die Erde geschickt. Jesus ist am Kreuz gestorben, er hat freiwillig die Strafe für dich getragen. Jeder, der an Jesus glaubt, wird nicht mehr von Gott bestraft. Glaubst du an Jesus?« Ihre Predigt kam mir vertraut vor. Andererseits konnte ich nicht glauben, dass Gott böse auf mich sein sollte. Hatte er mich nicht immer beschützt? Meine Schwester malte mir zudem die Qualen der Hölle in schillernden – na ja vielleicht doch eher in düsteren – Farben aus. Mit dem Erfolg, dass ich verängstigt zu Bett ging. Mitten in der Nacht bin ich aufgeschreckt und zu meiner Schwester gelaufen: »Ich will nicht in die Hölle.« Sie sprach ein Gebet mit mir und versprach: Du glaubst jetzt an Jesus, dir kann nichts mehr passieren. Einen tröstenden Bibelvers schrieb sie auf ein Blatt und klebte ihn über mein Bett. Fortan las ich jeden Morgen in der Bibel und betete, bis ich dann als 15-Jähriger auf die Familienfreizeit gefahren bin, bei der ich das Schwimmbaderlebnis hatte. Danach besuchte ich regelmäßig einen Jugendbibelkreis. Mich faszinierten die Geschichten der Bibel.

Im Alter von 26 Jahren kam es zu einer kleinen Revolution in meinem Leben: Ich trennte mich von meiner Verlobten, kündigte meine Stelle als Verwaltungsbeamter und zog nach Wuppertal, um Theologie zu studieren. Ich war neugierig und wollte über Gott nachdenken. Das Theologiestudium hat mich verändert. Was ich glaube, ist anders geworden. Wissen verändert Ansichten.

Manches von meinen Ansichten und Einsichten teile ich Ihnen in Teil B mit.

Werde erwachsen

Die Situation in meiner Kindheit war also im Wesentlichen sehr ähnlich zu der anderer Kinder. In einem wichtigen Punkt aber habe ich mich von allen anderen unterschieden. Ich wurde langsamer selbstständig. Denn immer wieder war ich in meinem Alltag auf Hilfe angewiesen. Vor allem dass ich lange Zeit nicht ohne Hilfe auf die Toilette gehen konnte, band mich an meinen Bruder und meine Familie.

Umgekehrt musste immer jemand aus meiner Familie für mich da sein. Je älter ich wurde, desto peinlicher wurde es mir. Ich kam mir vor wie ein Baby und das wollte ich nicht sein. Auch hier brachte die handwerkliche Geschicklichkeit meines Vaters und das näherische Talent meiner Mutter die Lösung. Mein Vater »baute« mir einen Anziehstab und meine Mutter ersetzte an allen Hosen die Knöpfe durch Klettverschlüsse und zog kleine Schlüsselringe durch die Reißverschlüsse. Nach etlichen Versuchen hatte ich schließlich den Bogen raus. Ich konnte das Hemd in die Hose stecken und diese dann mit Hilfe des Anziehstabes schließen. Sicherlich mein wichtigster Schritt zur Selbstständigkeit. Fortan konnte ich eigene Wege gehen.

Als sich das Ende meiner Schulzeit näherte, bedrängte mich die Frage, welchen Beruf will ich ergreifen. Am liebsten wäre ich Architekt geworden. Räumliches Sehen, Dinge konstruieren und bauen, zeichnen, das machte mir Spaß. Zwei Dinge sprachen dagegen. Zum einen, für ein Studium hätte ich umziehen müssen. Alleine wohnen, wie sollte das gehen? Wäsche waschen, putzen und am Wochenende kochen waren die größten Hindernisse. Zum anderen erfuhr ich auf dem Arbeitsamt, dass ich entweder eine handwerkliche Ausbildung haben müsse oder ein Jahr Praktikum während des Studiums absolvieren müsse. Das alles traute ich mir nicht zu. Und so bewarb ich mich im Rathaus und wurde Beamter im gehobenen nichttechnischen Dienst der Gemeinde Nümbrecht. Kein schlechter Beruf eigentlich. Nette Kollegen, ein warmes Büro, und entgegen aller Klischees oft interessante Aufgaben. Allerdings wohl doch nichts für mich. Irgendwie passte es nicht zu mir.

Mit 26 Jahren habe ich alles verändert. Theologie wollte ich studieren. Es blieb allerdings das Problem des Alleine-Wohnens. Thomas, ein guter Freund von mir, studierte bereits Theologie und machte mir Mut. Sowohl zum Studium als auch zu dem Wagnis einer eigenen Wohnung. Aber alles Zureden half nicht. So kam er auf die Idee: »Was hältst du davon, wenn wir uns gemeinsam eine Wohnung nehmen? Wir können dann die Aufgaben so verteilen, dass du zurechtkommst.« Ein völlig neuer Gedanke für mich. Wieder einmal hatte jemand eine Lösung für mich bereit, auf die ich alleine nicht gekommen wäre. Das war die Idee! Im Frühjahr 1991 zogen wir gemeinsam in eine Wohnung in Wuppertal-Heckinghausen. Für uns beide eine neue Erfahrung. Thomas stellte für mich immer wieder eine Herausforderung dar, da er nicht einsehen wollte, dass ich dieses oder jenes nicht konnte. Zum Glück hat er es nicht eingesehen, denn an den neuen Herausforderungen bin ich gewachsen. Ich habe in dieser Zeit gelernt, Dinge zu tun, die mir zuvor unmöglich erschienen. Auf einem Computer zu tippen oder mittels Wischmopp die Treppe zu putzen, um zwei Beispiele zu nennen. Umgekehrt hatte Thomas nun einen Mitbewohner am Hals, der es bislang nicht gewohnt war, alleine zu leben und daher am liebsten in Gemeinschaft war. Thomas musste um Freiräume kämpfen. Es gab oft Krach in unserer Männerwohngemeinschaft, aber wir haben es ausgefochten. Bis heute sind wir sehr gute Freunde und haben keine Geheimnisse voreinander. Nach 1 ½ Jahren wollte Thomas die Uni wechseln. Ich selbst hatte mein Vorstudium noch nicht beendet und musste daher noch in Wuppertal bleiben. Und nun war ich so weit, mir eine eigene Wohnung zuzutrauen. Zum ersten Mal in meinem Leben wohnte ich alleine. Ein herrliches Gefühl. Ich war stolz auf meine gewonnene Selbstständigkeit.

Dieses Gefühl verließ mich auch nicht, als ich ein Jahr später nach Heidelberg in eine Wohngemeinschaft zog. Mit sieben netten Menschen bewohnten wir ein Reihenhaus. Erst als ich mein Studium beendet hatte, zog ich aus der WG. Inzwischen lebe ich seit sechs Jahren in einer eigenen Wohnung.

Ich bin nicht immer glücklich

Nun haben Sie viel über mein Leben gelesen. Immer wieder ging es um meine körperlichen Besonderheiten, aber längst nicht immer. Denn meistens habe ich meine Behinderung nicht als das wichtigste Thema meines Lebens empfunden. Da gab und gibt es andere Dinge, von denen mein Wohlbefinden abhängt. Oder besser anders herum: Es gibt auch in meinem Leben Dinge, die das Lebensglück trüben. Ich schreibe »anders herum«, weil ich beneidenswerterweise mit einem heiteren Naturell ausgestattet bin. Wenn ich morgens aufwache, bin ich fröhlich und vergnügt. Es gibt ja Menschen, denen geht es ohne erkennbaren Anlass prinzipiell schlecht. Deren Normalzustand ist die Niedergeschlagenheit. Ich gehöre zu den Menschen, denen es so lange gut geht, bis ein triftiger Grund mein Glück verhindert. Aber wie sollte es anders sein, solche Gründe gab und gibt es auch in meinem Leben: Überforderungen, Trennungs-erfahrungen, Ziellosigkeit. Sollte sich bis hierher bei Ihnen der Eindruck ergeben haben, ich sei immer oben auf und selbst durch meine Behinderung nicht kleinzukriegen, so ist das nur die eine Seite meines Lebens. Gefühle der Ver-zweiflung, der Trauer, der Wut und der Ohnmacht sind mir wohl bekannt. Manchmal hatten sie mit meinem außerge-wöhnlichen Körper zu tun, meistens aber nicht.

Was heißt hier eigentlich »behindert«?

»Behinderung«, was ist das? Versuch einer Definition

Hin und wieder laden mich Schulen, Jugendgruppen oder Seniorenkreise ein. Sie bitten mich, eine Gruppenstunde zum Umgang mit Behinderungen zu gestalten. Nachdem ich mich allen vorgestellt habe und schon ein wenig Scheu abgebaut wurde, steige ich gerne mit einer Aufgabe ein: »Sie erhalten von einem Verlag den Auftrag, einen Lexikonartikel über Behinderung zu schreiben. Der Verlag erwartet als Erstes eine Definition von Ihnen. Was ist eine Behinderung? Was macht sie aus? Was unterscheidet sie von einer Krankheit, was von einer chronischen Krankheit?« Dann geht die Diskussion los. Oft wird heiß debattiert und man führt sich Menschen vor Augen, auf die die gerade entworfene Definition nicht recht zutreffen mag. Oder man stellt (erschreckt) fest: Nach unserer Definition bin auch ich behindert.

Wer sich dieser Aufgabe stellt, merkt, wie schwierig sie zu lösen ist. Zugleich ist die Aufgabe wichtig, denn so stellen wir sicher, dass wir über das Gleiche reden. Vielleicht haben Sie Lust, sich der Mühe zu unterziehen, eine eigene Definition zu entwerfen. Ich lade Sie ein, sich 5 bis 10 Minuten Zeit zu nehmen und eine Definition zu versuchen. Sie werden dann das Kapitel besser verstehen.

Wenn Sie beim Weiterlesen merken, dass Ihre Definition nicht vollständig ist oder einfach anders als die von mir vorgestellten, dann kann ich Sie beruhigen: Bis heute haben alle gemachten Vorschläge auch Schwächen.

Warum definieren wir »Behinderung«?

Der Begriff »Behinderung« ist ein Sammelbegriff für alle möglichen Phänomene. »Behindert« sind Menschen mit kurzen Armen, ebenso wie Menschen ohne Augenlicht. Mancher ist leicht behindert, denn er hat nur Plattfüße, andere sind schwerstmehrfach behindert, denn sie können weder sprechen, noch gehen, noch Matheaufgaben lösen. Jeder Mensch ist einzigartig. Und jede Einschränkung hat etwas Einzigartiges. Vielleicht ist es deshalb so schwer zu beschreiben, was genau wir unter einer Behinderung verstehen. Ich glaube sogar, die Einteilung der Menschen in »Behinderte« und »Nichtbehinderte« ist eine Erfindung unseres Denkens.

Sie ist nicht zwingend und sie ist sachlich schwer zu begründen, wie Sie in diesem Kapitel lesen werden. Statt Menschen in Kategorien einzuteilen, plädiere ich dafür, die Individualität eines jeden Einzelnen zu wahren. Denn jeder Mensch hat seine ganz eigenen Begabungen und Grenzen. Und im Laufe eines Lebens verändern sich unsere Möglichkeiten und unsere Einschränkung.

Ein Argument aber spricht dagegen, den Begriff »behindert« ganz aufzugeben. Das ist der Gedanke des Ausgleiches. In der Tat gibt es Menschen, die gegenüber anderen benachteiligt sind. Wer etwa im Rollstuhl sitzt, kann (meistens jedenfalls) nicht alleine Bahn fahren. Daher wird ihm das Recht eingeräumt, kostenlos eine Begleitperson mitzunehmen, bzw. die Bahn organisiert Hilfe beim Ein- und Aussteigen. Und wer wie ich einen Anziehstab braucht, um selbstständig leben zu können, bekommt diesen von der Krankenkasse finanziert. Behörden und Krankenkassen müssen wissen, wann sie Unterstützung geben und wann nicht. Sie müssen definieren, wann jemand behindert ist, damit dieser zu Recht Hilfe in Anspruch nehmen darf. Es ist also der Gedanke der Solidarität und Humanität, der uns nötigt, eine Definition von Behinderung zu finden. In unserer Gesellschaft soll nicht der Stärkere überleben und der Schwächere zu Grunde gehen. Denn niemand weiß, wie lang er zu den Stärkeren gehört. Ein Verkehrsunfall kann uns schnell zu Bedürftigen machen. Und dann müssen wir darauf vertrauen, dass wir von der Gemeinschaft getragen werden.

Gängige Definitionen

Was also ist eine Behinderung? Wie können wir definieren, was wir unter »behindert« verstehen wollen? Ich nenne Ihnen drei Definitionen und greife dann die immer wiederkehrenden Aspekte auf (in den Definitionen *kursiv* gedruckt).

Die Weltgesundheitsorganisation beschreibt Behinderung wie folgt: »eine physiologische und/oder anatomische *Schädigung* (impairment), führt zu *Funktionsbeeinträchtigungen* bzw. *Aktivitätsbehinderungen* (disabilities) bezogen auf *Normwerte* vergleichbarer Individuen, die für die Betroffenen *Benachteiligungen* (Handicaps) in sozialer Interaktion zur Folge haben.« (Aus: »Lexikon Medizin, Ethik, Recht«: Art. Behinderung)

Das Sozialgesetzbuch formuliert: § 2 I SGB IX: »Menschen sind behindert, wenn ihre körperliche *Funktion*, geistige *Fähigkeit* oder seelische Gesundheit mit hoher Wahrscheinlichkeit länger als sechs Monate von dem für das Lebensalter *typischen* Zustand abweichen und daher ihre *Teilhabe am Leben in der Gesellschaft* beeinträchtigt ist.«

Und das Schwerbehindertengesetz macht folgenden Versuch: § 3 SchwbG: »Behinderung im Sinne des Schwerbehindertengesetzes ist die Auswirkung einer nicht nur vorübergehenden *Funktionsbeeinträchtigung*, die auf einem *regelwidrigen* körperlichen, geistigen oder seelischen Zustand beruht. Regelwidrig ist der Zustand, der von dem für das Lebensalter *typischen* abweicht. Als nicht nur vorübergehend gilt ein Zeitraum von mehr als sechs Monaten.«

Alle diese Bestimmungen beschreiben Behinderung erstens als eine Abweichung von der Norm, vom Typischen, und zweitens als Funktionseinschränkung. Die Weltgesundheitsorganisation und das Sozialgesetzbuch erwähnen drittens die Benachteiligungen im sozialen Leben. Manchmal wird Behinderung auch als Schaden verstanden.

Behinderung = anders als normal?

Allen Definitionen gemeinsam ist, Behinderung wird als Normabweichung verstanden. Ob nun von »Normwerten vergleichbarer Individuen«, oder vom »typischen Zustand« oder gar von einem »regelwidrigen Zustand« die Rede ist, immer ist gemeint, dieser einzelne Mensch ist nicht so wie die vielen anderen. Erst im Vergleich von Menschen untereinander kann eine Behinderung festgestellt werden! Gäbe es nur Behinderte, wäre niemand behindert, weil man nicht definieren könnte, was »normal« ist. Behinderung ist eine Abweichung von der Norm, vom Typischen. Gemeint ist natürlich eine Abweichung in Richtung »schlechter als normal«. Die Abweichung muss negative Folgen haben, sie muss ein Hindernis darstellen. Wer 120 Prozent Sehkraft hat, ist nicht behindert, sondern überdurchschnittlich begabt.

Wie aber finden wir heraus, was normal ist bzw. wer normal ist? Da ist zunächst die Möglichkeit, sich am Durchschnitt zu orientieren. Wir vermessen viele unterschiedliche Menschen und berechnen dann Durchschnittswerte. Das machen wir mit den Körpermaßen, mit geistigen Fähigkeiten und auch mit psychischen Dispositionen. So entsteht ein Durchschnittsmensch. Wir stellen dann fest: Ein Mensch hat zwei Arme und zwei Hände, normalerweise. Ich entspreche also dieser Norm nicht. Dieses Vorgehen ist einerseits völlig verständlich, hat aber andererseits doch seine Tücken.

Verständlich ist es, weil schon kleine Kinder dieses Verfahren selbstverständlich anwenden. Vor kurzem reiste ich per Bahn von Berlin nach Köln. Ein etwa vierjähriger Junge entdeckte mich und fragte unverhohlen seinen Vater: »Warum hat der Mann da keine Arme?« Der Junge hatte etwas entdeckt, was nicht in seine bisherige Welterkenntnis passte. Er wunderte sich über einen Mann mit kurzen Armen. Bisher hatte er wohl einen solchen Menschen noch nicht getroffen. Er fand mich außergewöhnlich. Und wie Kinder so sind, versuchte er mich in seine Welt einzuordnen. »Warum?«, fragte er und suchte also nach einem Grund für meine Abweichung vom Normalen. Sehen meine eigenen Nichten und Neffen einen Mann ohne Arme im Zug, sagen die: »Schau mal, der sieht so aus wie Rainer«. Sie staunen also nicht darüber, dass es überhaupt jemanden gibt, der kurze Arme hat, sondern sie stellen eine Ähnlichkeit fest. Unnormal ist der Fremde nicht für sie. Ihnen ist mein Erscheinungsbild ja vertraut. Ich will damit eine erste Tücke andeuten. Es liegt auch an uns, was wir als Abweichung von der Norm ansehen. Es liegt an unseren Erfahrungen. Es liegt daran, welche Menschen wir nehmen, um daraus den Durchschnittsmenschen zu berechnen. Es ist einerseits verständlich, dass wir Menschen uns ein Bild vom (Durchschnitts-)Menschen machen und an diesem Bild entscheiden, wer normal ist und wer nicht. Aber welches Bild vom normalen Menschen wir haben, liegt auch an unserer Perspektive. Ich erinnere mich noch dunkel an einen Einkaufsbummel in meiner Kindheit. Da habe ich zum ersten Mal in meinem Leben einen Menschen mit tiefschwarzer Haut gesehen. Was habe ich gestaunt. Der war für mich völlig sonderbar. Er war nicht normal. Also für mich war er nicht normal. Statistisch gesehen, ist er absolut normal gewesen, wenn man als Bezugsgröße nicht Deutschland, sondern unseren Globus nimmt.

Die Rede von einer Norm, die sich am Durchschnitt orientiert, ist auch aus anderen Gründen problematisch. Nicht immer kann der Durchschnitt angeben, was normal ist. Ein Beispiel: Wenn Menschen älter werden, ist es normal, dass ihre Augen schlechter werden. Altersweitsichtigkeit setzt früher oder später bei allen Menschen ein. Sie ist sozusagen typisch. Wäre der Durchschnitt das Kriterium für normal, so gäbe es keinen Grund, die Altersweitsichtigkeit zu beheben. Selbstverständlich aber werden Altersweitsichtige mit einer Brille versorgt. Hier erheben wir also das Optimum zum Normalen. Nicht der Durchschnittswert, sondern der Spitzenwert dient als Norm. Nicht das, was üblich ist, bestimmt unser Handeln, sondern das, was möglich ist.

Ein weiteres Argument spricht gegen die Festlegung einer Norm mittels Durchschnittswert. Und das ist die Individualität des Menschen. Ich komme aus einer Familie mit kollektiv zu niedrigem Blutdruck. Meine Eltern und ich erreichen die 120–80 eigentlich nie. Per Definition könnte man uns für krank erklären. Unser subjektives Empfinden aber sagt uns, dass man auch mit 100–70 ganz gut leben kann. Eine Tasse Kaffee am Morgen reicht völlig aus, um sich wohl zu fühlen, obwohl auch diese nicht 120–80 bewerkstelligt. Nicht jeder Mensch, der von einem Durchschnittswert abweicht, fühlt sich krank. Und nicht in jedem Menschen, der zwei Finger verloren hat, sehen wir einen Behinderten (es sei denn, er oder sie ist Pianist/in).

Einen Durchschnittsmenschen zur Norm zu erheben, ist

weiter problematisch, weil es vermutlich niemanden gibt, der dem errechneten Durchschnittsmenschen hundertprozentig entspricht. Jeder Mensch weicht hier und da von der Norm ab, das ist normal. Wenn wir also feststellen wollen, wer behindert ist, dann müssen wir auch in den Blick nehmen, wie stark ein Mensch von der Norm abweicht (Durchschnittswert oder Spitzenwert). Ein Mensch mit 90 Prozent der normalen Sehstärke ist Brillenträger, jemand mit 10 Prozent Sehstärke ist sehbehindert. Beide weichen von der Norm ab. Erst die Stärke der Abweichung ist ausschlaggebend. Und hier sind wieder wir Menschen gefordert. Wir müssen definieren, ab wann jemand so stark vom Normalen abweicht, dass wir Unterstützung leisten. Und wir müssen festlegen, in welche Richtung die Abweichung zum Hindernis wird. Was die Körpergröße angeht, so ist Kleinwuchs sicher behindernd. Gilt Großsein in der Regel als wünschenswert, so kann Zugroßsein die Betroffenen ebenso behindern. Wer 2,40 Meter hoch ist, hat mancherlei Probleme im Leben. Die Kleidung ist vermutlich das kleinste. Größer ist da schon das Problem, passende Möbel zu finden. Und richtig ernst steht es um die Gelenke und das Herz-Kreislauf-System der übergroßen Menschen. Sind sie also zu beneiden oder behindert?

Mittels einer Norm Behinderungen festzustellen, hat eine weitere Schwäche. Es gibt Lebensbereiche, die können wir gut messen, gut vermessen. Unser Körper gehört dazu. Auch unsere kognitiven Fähigkeiten können wir durch Tests recht genau bestimmen. Mit unseren psychisch-seelischen ist es schon schwieriger. »Ein bisschen neurotisch ist wohl jeder«, sagen Therapeuten. Ganz schwierig wird es bei unseren charakterlichen Dispositionen. Menschen, die sehr eifersüchtig sind, haben zuweilen große Hindernisse in ihrem Leben. Man spricht ja auch von »krankhaft eifersüchtig«. Andere sind ständig ungeduldig und versetzen ihre Umwelt in Hektik. Ob wir uns im Leben zurechtfinden, hängt maßgeblich von unserem Charakter ab. So manch einer steht sich selbst im Wege. Als Behinderung wird aber nur das verstanden, was man als Normabweichung bestimmen kann.

Einen weiteren Gedanken will ich zum Kriterium »Abweichung vom Normalen« nennen. Ich habe es bereits angedeutet. Was wir Menschen für normal erachten, ist nicht nur etwas Naturgegebenes, sondern wir selbst sind daran beteiligt, es zu definieren. Es geht nicht nur darum herauszufinden, was normal ist, sondern wir müssen auch definieren, was wir als normal ansehen wollen. Die Gesundheitsnormen haben sich im Laufe der Medizingeschichte ständig verändert und sie werden es weiterhin tun. Oder anders gesagt: Wir verändern, was als normal gilt. Als ich ein Kind war, trug kaum jemand in meiner Schule eine Zahnklammer. Heute ist es in den Schulen beinahe umgekehrt.Viele Kinder tragen Klammern und manche freuen sich regelrecht darauf, endlich eine zu kriegen. Ähnliches gilt für den Cholesterinwert. Alleine, weil man den Normwert verändert hat, gibt es nun viel mehr Menschen mit erhöhtem Cholesterinwert als vor 20 Jahren. Diese neuen Normen beruhen nur zum Teil auf neuen Forschungen, die unser Wissen erweitern. Sie beruhen auch und stärker, als viele meinen, auf Veränderungen unseres Menschenbildes. Da werden Normwerte angepasst, weil die Pharmaindustrie ihre Wirkstoffe verkaufen will. Beispiele dafür finden sich massenweise in dem im Frühjahr 2004 erschienenen Buch von Jörg Blech: »Die Krankheitserfinder – Wie wir zu Patienten gemacht werden«. Ivan Illich, ein in Wien geborener Kultur- und Gesellschaftskritiker, formulierte bereits 1975 gegen die Schulmedizin den Vorwurf, sie produziere Kranke. Die Setzung eines utopischen Gesundheitsideals führe zur Vermehrung von Krankheiten (Illich: »Die Nemesis der Medizin. Von den Grenzen des Gesundheitswesens«). Wir sind es, die festlegen, was normal ist, nicht die Natur. In der Natur scheint es völlig normal zu sein, dass bei einer Million Geburten zwei Kinder mit ähnlichen körperlichen Ausprägungen zur Welt kommen, wie ich sie aufweise.

Ich frage mich manchmal, wie die Welt ohne Menschen mit Behinderungen aussähe. Vermutlich würden wir dann dicke, kleine, hässliche oder rothaarige Menschen als unnormal empfinden, und eventuell diese diskriminieren. Diskriminierung könnte man nur bei völliger Identität ausschließen. Erst wenn alle Menschen identisch wären, wären alle normal. Doch wie langweilig wäre dann das Leben. Wer gibt uns eigentlich das Recht, eine Norm außerhalb dessen festzulegen, was wir naturgegeben (als Theologe füge ich hinzu gottgegeben) vorfinden? Der Mensch ist eben nicht einheitlich. Die Vielfalt geht so weit, dass auch Behinderte darin ihren Platz haben. Ich bin die Norm, weil ich als Mensch auf dieser Erde lebe. Es darf keine andere konstruierte Norm geben als die, die wir im Leben vorfinden.

Mit der Feststellung einer Norm, die immer zugleich eine von Menschen gemachte Festlegung ist, kann schnell einhergehen, dass Menschen eingeteilt werden in Normale und

Unnormale. Ist Behinderung eine Negativabweichung vom Normalen, so besteht die Gefahr, dass Menschen mit Behinderungen negativer bewertet werden als andere. Sie können zu Unnormalen werden. Sie werden als Belastung für die Gesellschaft und als Belastung für Familien empfunden. So kann eine Ausgrenzung, ja eine Diskriminierung gut mit einer Normabweichung begründet werden. Abweichen von der Norm kann zur Diskriminierung führen, sie muss es nicht. Es gibt keinen zwingenden Zusammenhang zwischen Anderssein und Ausgrenzung. In meiner Kindheit wurden Brillenträger als »Brillenschlange« ausgelacht. Heute sind Brillen völlig normal, oft sogar coole Accessoires. Schon hier möchte ich auf den Zusammenhang von Normabweichung und sozialer Ausgrenzung in der WHO- und der SGB-Definition hinweisen. Die Beeinträchtigung alleine wird noch nicht als Behinderung verstanden. Erst wenn sie »Benachteiligungen (Handicaps) in sozialer Interaktion zur Folge haben« bzw. die »Teilhabe am Leben in der Gesellschaft beeinträchtigt« wird, liegt eine Behinderung vor. Es kommt also alles darauf an, wie man mit der Unterschiedlichkeit der Menschen umgeht. Sobald andere mich als »unnormal« abqualifizieren oder ich selbst mich als nicht »normal« fühle, beginnt die Behinderung. Und tatsächlich empfinde ich mich in einem mir vertrauten Lebensraum nicht als behindert. Natürlich bin ich hier und da bedürftig, etwa wenn ich mir mein Fleisch beim Mittagessen nicht selber schneiden kann. Behindert werde ich aber erst, wenn man mich wie einen Unmündigen behandelt oder es mir selbst peinlich ist, jemanden um Hilfe zu bitten. Während meiner Zeit als Pfarrer in Schildgen habe ich jeden Mittag im Kindergarten gegessen. Niemand hat in mir einen »Behinderten« gesehen. Selbstverständlich half mir jemand etwas klein zu schneiden.

Fazit: Nicht immer ist es leicht, das »Normale« festzulegen. Und nicht immer ist es hilfreich. Manchmal besteht die Gefahr, dass Normen verwandt werden, um Menschen auszugrenzen. Andererseits brauchen wir Normen als Kriterium für Solidarität und Hilfe. Wir brauchen sie aber auch nur da. Grundsätzlich gilt: »Jeder ist anders, das ist normal« (Richard v. Weizsäcker).

Behinderung = ein Schaden?

Die Weltgesundheitsorganisation beschreibt Behinderung als physiologische und/oder anatomische Schädigung (impairment). Der inzwischen emeritierte Professor für Rehabilitationswissenschaft, Ulrich Bleidick (Uni Hamburg), gibt folgende Definition: Als behindert gelten Menschen, die infolge einer Schädigung ihrer körperlichen, seelischen oder geistigen Funktionen so weit beeinträchtigt sind, dass ihre unmittelbaren Lebensverrichtungen oder ihre Teilhabe am Leben der Gesellschaft erschwert werden. Auch hier taucht der Begriff des Schadens auf. An sich mag gegen den Begriff des Schadens nichts sprechen und doch regt sich in mir Widerstand. Ich bin mir nicht sicher, ob man das Wort Schaden überhaupt wertfrei benutzen kann. In mir tauchen sofort Assoziationen auf, gegen die ich mich wehren möchte. Ein gekauftes Produkt kann schadhaft sein und wenn dem so ist, dann tausche ich es um. Und ich denke an Autounfälle. Wenn ein Totalschaden vorliegt, kann man den PKW nur noch verschrotten. Gibt es menschliche Totalschäden? Ich spüre einen Widerwillen, mich selbst als schadhaft zu sehen. Welche Auswirkungen hat es auf mein Lebensgefühl, mich als beschädigt zu empfinden? Ich bin in meinen körperlichen Funktionen begrenzt, das stimmt, aber ich selbst bin kein Schaden. Nun behaupten die beiden Definitionen das auch nicht. Aber ich habe ein wenig die Sorge, dass der Begriff Schaden dahingehend missverstanden werden kann. Lieber sage ich, ich sei außerordentlich begrenzt, statt beschädigt.

Behinderung = Einschränkung von Fähigkeiten?

Alle Definitionen sind sich einig, dass eine Behinderung eine Funktionsbeeinträchtigung, Aktivitätsbehinderung oder eine Einschränkung von Fähigkeiten ist. Vermutlich taucht dieser Gedanke auch in Ihrer eigenen Definition auf. Wenn Kinder mich zum ersten Mal sehen, dann stellen sie zuweilen fest: »Du kannst ja gar nicht alleine essen« oder »Wie kannst du denn schreiben?« Es beschäftigt sie, was ich wohl alles nicht kann. Das Wesentliche an Behinderungen ist offenkundig, dass man in seinen Fähigkeiten eingeschränkt ist.

Alle Menschen haben Grenzen

An diesem Punkt muss ich zugeben: Ja, ich bin in meinen Fähigkeiten eingeschränkt und nicht alle Aktivitäten, die ich gerne machen möchte, kann ich verwirklichen. Liebend gerne würde ich ein Instrument spielen, Klavier oder Gitarre. Leider ist mir das auf Grund fehlender Finger verwehrt. Ich bin auch kein Fremdsprachengenie. Nach einem halben Jahr Französisch in Klasse 7 habe ich aufgegeben. Und damit ich wenigstens einigermaßen Englisch spreche, habe ich während meines Studiums einen sechswöchigen Sprachkurs in Birmingham besucht. Mein Talent für das Erlernen von Sprachen ist begrenzt. Nun sind Sie hoffentlich während meiner letzten Zeilen ins Stocken gekommen. Was, bitte schön, hat das mangelnde Sprachentalent mit seiner Behinderung zu tun? Sie haben Recht, nichts! Aber das ist eine Begrenzung, die ich als schmerzlich empfinde. Eine gute Freundin von mir ist zweisprachig aufgewachsen und hat in der Schule zwei weitere Sprachen gelernt, die sie heute fließend spricht. Zurzeit lernt sie Italienisch. Ich beneide sie um ihr Talent. Wenn wir aber gegeneinander Tischtennis spielen, erweist sie sich als grobmotorisch. Da beneidet sie mich um mein Talent. Ich will damit sagen, alle Menschen sind in ihren Funktionen, Fähigkeiten und Begabungen begrenzt. Niemand kann alles. Jede und jeder von uns hat Schwächen und Einschränkungen. Um es allgemein zu formulieren: Wir Menschen sind prinzipiell begrenzte Wesen. Das gilt ganz wörtlich. Wir können zu einem Zeitpunkt nur an einem Ort sein. Und an diesem Ort können wir nur eine sehr begrenzte Anzahl von Verrichtungen ausüben. Wer in Köln Zeitung liest, kann nicht in Berlin einen Artikel schreiben. Wer drei Mal in der Woche zum Training geht, der kann nicht gleichzeitig seine Gesangsstimme trainieren. Wir brauchen Zeit und Raum, um Dinge zu lernen und Fähigkeiten zu trainieren. Ich habe mich in der Jugend für Tischtennis entschieden. Diese Entscheidung für etwas stellte zugleich eine Entscheidung gegen etwas anderes dar. Wir Menschen müssen uns damit abfinden, dass wir nicht alle Fähigkeiten gleich gut entwickeln können. Immer werden wir begrenzt sein. Das gilt für Menschen mit besonderen Grenzen (= »Behinderte«) und für Menschen mit gewöhnlichen Grenzen (= »Nichtbehinderte«). Darin besteht für mich, den Theologen, der Unterschied zwischen Gott und Mensch. Der Mensch ist räumlich und zeitlich begrenzt, Gott ist zeitlos und überall. Sie merken schon, ich sehe keinen prinzipiellen Unterschied zwischen »Behinderten« und »Nichtbehinderten«. Für mich sind stattdessen alle Menschen begrenzt.

Auch diese simple Erkenntnis gilt wieder für Körper, Geist und Seele. Oder wenn Sie die Aufteilung des Menschen in diese Bereiche nicht mögen, sie gilt für alle Facetten unserer Existenz. Auf Grund meiner körperlichen Beschaffenheit kann ich nicht bergsteigen. Auf Grund meines mangelnden Talentes lerne ich nur schwer Sprachen. Und auf Grund meiner charakterlichen Eigenarten bin ich ein Mensch, der nur zögernd Entscheidungen trifft. In jedem Falle bin ich begrenzt. Kein Mensch vereint alle Talente und alle Fähigkeiten auf sich.

Enge und weite Grenzen

Nun mögen Sie einwenden, dass der Unterschied nicht in der Begrenzung von Möglichkeiten an sich liegt, sondern in dem Maß der Begrenzung. Ich habe ja eben von Menschen mit besonderen und gewöhnlichen Grenzen gesprochen. Liegt nicht im Grad der Einschränkung die Begründung für unsere Einteilung in Menschen mit und ohne Behinderung? In jedem Behindertenausweis finden Sie eine Angabe über den Grad der Erwerbsminderung. In meinem Tischtennisverein spielt Robert. Er hat eine Spastik, kann aber trotz leichter Fehlstellung seiner Beine sehr gut laufen. Kaum jemand sieht ihn als einen »Behinderten« an. Oder Jan, dem eine Hand fehlt. Das ist eine Einschränkung, aber der ist doch kein »Behinderter«. Es scheint, als hätten wir ein Gefühl dafür, ab wann wir in einem Menschen einen »Behinderten« sehen. Ich halte unser Gefühl an diesem Punkt für trügerisch.

Wir haben ein ähnliches Gefühl für »Ausländer«. Wer denkt schon bei dem Wort an einen Schweden. »Ausländer«, darunter verstehen viele ausschließlich Türken oder Araber, also Menschen aus einem anderen Kulturkreis. Aber natürlich ist auch ein Schwede per Definition Ausländer. Wer meint, nur Menschen mit starken Einschränkungen seien »Behinderte«, der verlässt sich auf sein subjektives Gefühl. Was ist, wenn jemand anderes ein ganz anderes Gefühl hat? Wollen wir es wirklich unserem Gefühl überlassen, zu entscheiden, wer behindert ist und wer nicht?

Begrenzt wofür?

Ein Weiteres kommt hinzu, nämlich die bereits angedeutete Tatsache, dass es extrem viele unterschiedliche Fähigkeiten des Menschen gibt. Und jede Fähigkeit ist weder an und für sich wertvoll noch wertlos. Erst, wenn wir eine Fähigkeit für etwas gebrauchen können, wird sie wichtig für uns. Erst, wenn ich meine Gabe für eine Aufgabe gebrauchen kann, erweise ich mich als talentiert. Ein Beispiel: Als Pastor gehört es zu meinen Aufgaben zu predigen. Als Referent bei Seminaren halte ich Vorträge. Dafür brauche ich die Fähigkeit gut strukturiert, möglichst spannend und für alle verständlich zu sprechen. Diese Fähigkeit habe ich hoffentlich im Laufe meiner Ausbildung entwickelt. Wenn ich also auf einer Kanzel oder vor einem Rednerpult stehe, bin ich für diese spezielle Aufgabe nicht eingeschränkt. Ich kann sie wie alle Sprechenden ausüben. Vermutlich bin ich im Vergleich zu nichtausgebildeten Rednern sogar im Vorteil. Als Prediger bin ich nicht behindert, eigentlich sogar begabt. Fällt aber das Mikrofon der Kanzel aus, weil sich ein Kabel im Stecker gelöst hat, stoße ich an meine Grenzen. Ein Elektriker wird mit seinen geschickten Händen und dem richtigen Werkzeug schnell den Fehler beheben können. Für diese Aufgabe bin ich ungeeignet, er geeignet. Für den Beruf des KFZ-Mechanikers mag ich gänzlich ungeeignet sein, aber vermutlich ist der KFZ-Mechaniker auch für meinen Beruf völlig ungeeignet. Sie können einwenden, der Mechaniker könnte aber theoretisch meinen Beruf erlernen, denn er kann sprechen. Mir wird die Reparatur eines PKW immer unmöglich sein, denn mir fehlen die Hände. Ja, sage ich, aber es gibt auch Fähigkeiten, die man nicht erlernen kann, obwohl man es theoretisch könnte. Wie viele Menschen können nicht malen, obwohl sie sehen können und Hände haben, um den Pinsel zu halten? Würden wir von ihnen verlangen, sie müssten als Künstler ihr Geld verdienen, so würden sie sich als außerordentlich begrenzt erweisen. Sie wären völlig überfordert, in ihren Funktionen stark beeinträchtigt, in ihren Aktivitäten behindert, wenn man so will schwer behindert. Schwer behindert allerdings nur in Bezug auf ihre künstlerische Aufgabe. Alle anderen Lebensbereiche mögen sie problemlos meistern. Die Frage ist also nicht, ist ein Mensch behindert oder nicht, sondern bei welcher Aufgabe stößt ein Mensch an seine Grenzen. Begrenzt ist immer nur ein Teil des Menschen, nicht jedoch die ganze Person. Ohne Hände kann ich nicht Klavier spielen. Ich kann aber singen. Die Frage ist: In welchen Situationen und Lebenslagen bestehen für einen Menschen Hindernisse, wo sind seine individuellen Grenzen? Für welche Aufgaben ist jemand begabt oder begrenzt? Und da kein Mensch mit dem anderen identisch ist, hat jeder Mensch seine ganz individuellen Grenzen und Gaben. Niemand kann alles und niemand ist zu 100 Prozent behindert. Kein Mensch ist in jeder Hinsicht »unfähig«. Dazu mehr im Kapitel über lebenswertes Leben und schwerste Behinderungen.

Begrenzt einerseits – begabt andererseits

Habe ich gerade dargelegt, dass jede Gabe eine Aufgabe braucht, so möchte ich Sie nun für den Gedanken gewinnen, dass jede Beschränkung auch zur Begabung werden kann. Es hängt ganz von den Lebensumständen ab. An einem Weihnachtsfest machten die Familie meiner Schwester und ich einen Winterspaziergang. Nach einer Schneeballschlacht hatte meine Nichte Ronja eiskalte Hände. Auch in den Handschuhen wurden ihre Finger nicht mehr richtig warm. Da sah sie, wie ich meine Arme kurzerhand (kleines Wortspiel) in das Innere meiner Jacke zurückgezogen hatte. Ich erklärte ihr, ich könne ganz leicht meine Arme sogar bis in meinen Pullover einziehen. »Immer wenn meine Arme kalt werden, wärme ich sie an meinem Körper wieder auf«, sagte ich ihr. »Manchmal sind kurze Arme ganz schön praktisch«, kommentierte sie. Da hatte sie doch wahrhaftig herausgefunden, dass je nach Lebenssituation meine Einschränkung auch zum Vorteil werden konnte. Ein anderes Mal kam sie auf die Idee, dass ich mich sicher nie beim Ausziehen eines T-Shirts mit meinen Armen im selbigen verheddern würde. Wir überprüften das in einem T-Shirt-um-die-Wette-an-und-ausziehen-Wettkampf und ich gewann. Nun mögen sich die beiden Beispiele kindlich naiv anhören. Ich meine aber, meine Nichte hat etwas Richtiges erkannt: Es kommt auch auf die Situation an, ob ich benachteiligt oder im Vorteil bin, ob ich meine Begrenzung als Last empfinde. In manchen Lebensumständen wandelt sich eine vermeintliche Schwäche zur Stärke. Ein Jockey mag in vielen Lebenssituationen an seiner begrenzten Körpergröße leiden, aber sitzt er auf einem Rennpferd, dann ist er klar im Vorteil. Vermutlich fühlt sich der »Zwerg« da so richtig groß.

Ein Weiteres ist zu bedenken, wenn wir Behinderung als Funktionseinschränkung bezeichnen. Nämlich der Umstand, dass wir Menschen in der Lage sind, eine fehlende Fä-

higkeit durch eine andere zu kompensieren. Wir sind in der
Lage, eine Schwäche auf dem einen Gebiet durch eine Stärke
auf einem anderen Gebiet auszugleichen. In Köln gibt es seit
einiger Zeit das Restaurant »Unsicht-Bar«. Im Innern ist es
vollkommen dunkel. Niemand kann sehen, wie die Gerichte
aussehen. Hier isst das Auge nicht mit. Dafür sind der Ge-
schmacks-, der Geruchs- und der Tastsinn gefragt. Wer einmal Gast in der Unsicht-Bar war, wird das nicht vergessen.
Die Gäste werden von Kellnerinnen und Kellnern bedient,
die blind sind. Diese finden sich in der Dunkelheit deutlich
besser zurecht als ihre Gäste. Denn sie sind es gewohnt, sich
auf ihre anderen Sinne zu verlassen. Sie sind es gewohnt,
sich den Ort von Gegenständen im Raum genau zu merken.
In diesem Lebensumfeld sind sie im Vorteil, weil sie hier Fähigkeiten brauchen, die sie besser ausgebildet haben als andere. Hören, tasten, riechen, schmecken, viele blinde Menschen können das besser als sehende. Sie kompensieren den
Verlust des einen Sinnes durch Verbesserung anderer Sinne.
Wäre ich Chef eines Lebensmittelherstellers würde ich mir
einen blinden Bewerber ganz genau ansehen. Dieser könnte
extrem begabt sein für die Aufgabe, neue Lebensmittel zu
kreieren. Ein Bekannter von mir ist als Jugendlicher verun-
glückt. Bei einem Unfall hat er sein Augenlicht gänzlich verloren. Zu erblinden ist für viele Menschen eine schreckliche
Vorstellung, für mich auch. Aber er hat es geschafft, mit der
neuen Situation umzugehen. Und statt sich weiterhin auf
seine Augen zu verlassen, hat er sein Gedächtnis geschult.
Er arbeitet heute in einer Telefonzentrale eines mittelständi-
schen Unternehmens und hat über 1200 Telefonnummern

im Kopf. Niemand vermittelt Gespräche so schnell wie er. Für seinen Beruf ist er überaus begabt.

Lassen Sie mich zusammenfassen: Wir Menschen sind begrenzte Wesen. Das gilt für unser Dasein in Raum und Zeit und für unsere Fähigkeiten. Jede Begabung braucht eine Aufgabe, sonst ist sie unerheblich für uns. Welche Begabungen für uns wichtig sind und welche Begrenzungen schmerzlich, hängt auch von unserer Lebenssituation ab (als Pastor bin ich nicht behindert). Und schließlich können wir manche Begrenzungen durch Begabungen auf anderen Ebenen kompensieren. Das gilt für alle Menschen gleichermaßen. Daher würde ich am liebsten auf die Aufteilung der Menschen in Menschen mit Behinderungen und Menschen ohne Behinderung verzichten. Stattdessen sehe ich jeden Menschen als begrenzt und begabt zugleich an. Alleine das Ausmaß der Gaben und Grenzen ist von Mensch zu Mensch sehr verschieden.

Beeinträchtigungen im Alltag

Das Leben wird durch eine Behinderung erschwert. In der Tat bin ich in manchen meiner unmittelbaren Lebensverrichtungen eingeschränkt. Dies genau scheint mir der Umstand zu sein, weswegen Prof. Ulrich Bleidick Behinderung als eine Beeinträchtigung bei den »unmittelbaren Lebensverrichtungen« oder bei der »Teilhabe am Leben der Gesellschaft« bestimmt. Diese beiden Lebensbereiche sind für uns Menschen so zentral, dass wir in ihnen weitgehend autonom sein sollten. Prof. Bleidick spricht auch nicht davon, dass Menschen mit Behinderungen in diesen Lebensbereichen völlig eingeschränkt sind, sondern, dass sie »so weit beeinträchtigt sind, dass ihre unmittelbaren Lebensverrichtungen oder ihre Teilhabe am Leben der Gesellschaft erschwert werden.«

Erschwernisse auf Grund einer Schädigung von »körperlichen, seelischen oder geistigen Funktionen« haben alle Menschen. Das fängt schon mit unserer Geburt an. Nun wird niemand sagen, dass ein neugeborenes »gesundes« Baby beschädigt ist. In seinen körperlichen, seelischen und geistigen Funktionen ist es aber extrem stark eingeschränkt. Weder kann es alleine gehen – ja nicht mal essen – noch kann es reflektiert nachdenken. Wir alle sind zu Beginn unseres Lebens schwerste Pflegefälle. Absolut angewiesen auf Menschen, die uns versorgen und am Leben erhalten. Und viele von uns erleben denselben Zustand am Ende ihres Lebens. Mit zunehmendem Alter verlieren wir immer mehr Fähigkeiten, an denen wir uns auf der Höhe unserer Kraft noch erfreuen konnten. Ich merke das schon jetzt in Sachen Sport. Die Schnellkraft und die Kondition eines 39-Jährigen ist nicht mehr die eines 25-Jährigen. Früher oder später verlieren wir Funktionen. Das Gedächtnis lässt nach, unsere Leistungsfähigkeit sinkt, die Stufen zur Wohnung werden immer steiler. Den Einkauf können wir nicht mehr alleine tätigen und wo wir früher mit unseren Lieben getanzt, gesungen und gelacht haben, sitzen wir jetzt durch eine Decke gewärmt nur noch dabei. Es ist das Los aller Menschen, Zeiten der Einschränkung zu erleben. Sei es auf Grund unseres Alters oder auf Grund von zeitweisen Beschränkungen (= Krankheiten) oder einer dauerhaften Beschränkung

(= Behinderung). Wir alle kennen Situationen, in denen wir bei »unmittelbaren Lebensverrichtungen« oder bei der »Teilhabe am Leben der Gesellschaft« eingeschränkt sind. Die Grenzen von gewöhnlicher Einschränkung zu besonderer Einschränkung sind wiederum fließend. Daher stelle ich ja in Frage, ob eine Grenzziehung überhaupt nötig ist. Nötig ist sie meines Erachtens allenfalls aus dem bereits erwähnten Gedanken der solidarischen Hilfeleistung.

Der braucht Hilfe(n)

Ein letzter Gedanke zum Thema, dass es eigentlich keine Menschen mit und ohne Behinderungen gibt. Immer wieder höre ich in Definitionen die Unterscheidung, Menschen mit Behinderung bräuchten Hilfsmittel, um ihre eingeschränkten Fähigkeiten auszugleichen, Menschen ohne Behinderung nicht. Auch das ist auf den ersten Blick plausibel. Betrachten wir die Sache genauer, so stellen wir fest, dass alle Menschen ihre Fähigkeiten durch Hilfsmittel ausweiten. Wenn Sie mich fragen, wie ich mir einen Kaffee koche, so antworte ich »mit einer Kaffeemaschine«. Ich brauche ein Hilfsmittel, eine Maschine, genau wie Sie auch. Oft werde ich auf meinen für mich passend umgebauten PKW angesprochen. Ich erkläre dann, dass es nicht der Umbau ist, der es mir ermöglicht von A nach B zu kommen, sondern das Auto. Wie andere auch benutze ich das Hilfsmittel Auto, um längere Distanzen zu überbrücken. Allerdings sind die Autos in aller Regel so konstruiert, dass man Hände braucht, um sie zu bedienen. Das heißt, wir Menschen gestalten prinzipiell alle Hilfsmittel so, dass möglichst viele sie möglichst gut gebrauchen können. Aber schon wer zu groß ist, braucht ein angepasstes Bett. Ein »normales« Bett reicht nicht aus. Ich setze das Wort »normal« in Anführungszeichen, um anzudeuten, natürlich ist auch ein großes Bett ein normales Bett. Es wird nur eben seltener gebaut. Das ist mit meinem PKW ebenso. Ein ganz normales Auto. Aber statt eines Navigationssystems als Zusatzausstattung ist darin eine Fernbedienung für alle wichtigen Bedienelemente. So kann ich mit einer kurzen Bewegung meines rechten Armes mühelos blinken, das Licht einschalten und so weiter. Wir alle erweitern unsere Grenzen mit Hilfsmitteln. Wir gehen vermutlich keinen Kilometer außerhalb des Hauses ohne Schuhe – ich gehe keinen ohne Beinprothese. Und ist nicht ein Unterschenkelamputierter, der bei den Paralympics die 100 Meter mit Prothese in 11,5 Sekunden läuft, weniger behindert, als ein gleichaltriger Mann mit Unterschenkel, der sie in 20 Sekunden läuft? Wir kämen nicht auf die Idee, eine heiße Suppe ohne Löffel zu essen. Ich brauche einen Löffel und meine Uhr, um zu essen, denn mit der Uhr kann ich den Löffel festhalten. Wir könnten kein Bild an die Wand hängen ohne Hammer und Nagel – ich brauche dazu noch jemanden, der beides bedienen kann. Mein letztes Beispiel ist der fließende Übergang zur wichtigsten Hilfe von uns allen. Wir haben nicht nur Hilfsmittel um uns herum, sondern zugleich jede Menge Helfende – wenn man so will »Hilfsmenschen«. Es ist eine Illusion, der Mensch mit gewöhnlichen Begrenzungen sei selbstständig. Wir alle sind ständig auf andere Menschen angewiesen. In der Schule brauche ich einen Lehrenden, damit ich lernen kann. Der Firmenchef braucht einen Monteur, der sein Telefon in Gang bringt. Will ich Fußball spielen, brauche ich Mitspieler. Haben Sie einmal versucht, alleine umzuziehen? Spätestens, wenn das Sofa durchs Treppenhaus getragen werden muss, benötigen wir Hilfe. Wenn ich es recht überlege, bei den elementarsten Dingen des Lebens sind wir Angewiesene: Wir können uns nicht einmal alleine vermehren. Was für Tätigkeiten des Alltags gilt, gilt auch für unsere Seele. Was uns bewegt, müssen wir einem anderen mitteilen. Wir teilen es mit einem anderen, weil wir es alleine nicht bewältigen können. Ich halte den autonomen Menschen, der auf niemanden angewiesen ist, für eine Illusion. Stattdessen, meine ich, sind wir Menschen zutiefst soziale Wesen. Wir brauchen Menschen, um uns im Leben wohl zu fühlen. Alle Menschen brauchen Hilfen, Menschen und Hilfsmittel. Wer wie viele Menschen und wer welche Hilfsmittel benötigt, ist so individuell, wie wir Menschen verschieden sind.

Warum bemühe ich mich, mit vielen Beispielen auf etlichen Seiten dieses Buches zu belegen, dass wir nicht von Menschen mit und ohne Behinderungen sprechen sollten, sondern davon, dass alle Menschen einerseits befähigt, andererseits begrenzt sind? Was ist denn so schlimm an der gängigen Aufteilung? Oder anders gefragt: Was gewinne ich, wenn ich die Aufteilung unterlasse? Diese Frage führt mich zum letzten und wichtigsten Kriterium für eine Behinderung. Die Weltgesundheitsorganisation nennt es »Benachteiligungen (Handicaps) in sozialer Interaktion«. Im Sozialgesetzbuch heißt es, dass die »Teilhabe am Leben in der Gesellschaft beeinträchtigt ist«. Joachim Walter schreibt in seinem Artikel Behinderung im »Lexikon Medizin, Ethik, Recht«: »Behinderung resultiert nicht schon aus einer Funktionsbeeinträchtigung, sondern wird erst durch Erschwerung gesellschaftlicher Partizipation zur Behinderung«. Habe ich bislang aufgezeigt, wie schwierig die Bestimmung von Behinderung als physiologisches Problem ist, so rückt nun in den Mittelpunkt, dass Behinderung auch eine soziale Dimension hat. Ich meine sogar, die soziale Dimension ist für Betroffene häufig die bedeutendere und oft die schmerzlichere Dimension. Erst die Ausgrenzung macht aus einem begrenzten Menschen einen »Behinderten«. Behinderung ist vor allem ein Problem der Ausgrenzung, nicht so sehr ein Problem der Einschränkungen.

Behinderung = Du gehörst nicht dazu!

Wirklich schlimm empfinde ich meine Behinderung, wenn ich deswegen etwas nicht mitmachen kann. Als Jugendlicher konnte ich nicht an den Fahrradtouren meiner Freunde teilnehmen. Es schmerzt, einen Sommertag lang auf das Ende der Tour zu warten, um dann endlich den Tag beim gemeinsamen Grillen zu beenden. Zuerst kann man nicht mitmachen und dann kann man nicht mitreden, wenn alle debattieren, welcher Berg wohl der steilste war. Und kalte Coca-Cola schmeckt nicht halb so gut ohne die körperliche Anstrengung. Zwei der drei genannten Definitionen nennen meines Erachtens völlig zu Recht als wesentliches

Kennzeichen von Behinderung die Beeinträchtigung der Teilhabe am Leben in der Gesellschaft (SGB) bzw. die Benachteiligungen in sozialer Interaktion (WHO).

Doch(be)trifft Nichtteilhabe nur Menschen mit besonderen Grenzen oder alle? Um entscheiden zu können, ob das Nicht-mitmachen-Können ein echter Unterschied zwischen Menschen mit besonderen und Menschen mit gewöhnlichen Grenzen ist, frage ich, welche Ursachen führen zur Nichtteilhabe?

Vier Ursachen für Beeinträchtigungen an der Teilhabe am Leben sind mir in meinem Leben schon begegnet 1. Ich kann nicht mitmachen (wegen meiner Grenze), 2. Ich kann nicht mitmachen (wegen der Umstände), 3. Ich darf nicht mitmachen (weil andere das verhindern) und 4. Ich will nicht (mehr) mitmachen.

»Ich kann nicht mitmachen (wegen meiner Grenze)«

Wohl jedem ist der Zusammenhang von Grenzen und Möglichkeiten einsichtig. Unsere körperlichen und geistigen Möglichkeiten bedingen, bei welchen Aktivitäten wir mitmachen bzw. nicht mitmachen können. Wer keine Hände hat, kann in keinem Orchester Geige spielen. Wer auf Grund seiner geistigen Fähigkeiten nicht lesen lernen kann, wird nicht das Gymnasium besuchen.

Doch Vorsicht. Die Beispiele klingen plausibel. Ich beobachte aber immer wieder, dass Menschen zu Dingen fähig sind, die ich mir nicht vorstellen kann. Ein Gelähmter klettert nur mit der Kraft seiner Arme auf Berge. Ein Mann mit

Downsyndrom studiert in Spanien Sonderpädagogik und schließt 1998 sein Studium mit Diplom ab. Und wer kommt schon auf die Idee, ausgerechnet ohne Hände Tischtennis, also Vorhand und Rückhand spielen zu können. Viele Menschen können weit mehr tun, als man es von ihnen erwartet.

Wie uns körperliche und geistige Grenzen vom sozialen Leben fernhalten, so tun es viele andere Grenzen. Wer finanziell arm ist, kann sich viele Aktivitäten unserer Freizeitgesellschaft nicht leisten. Ausländer können keine deutschen Beamten werden. Wir alle erleben Situationen, in denen wir wegen einer Begrenzung nicht mitmachen können.

»Ich kann nicht mitmachen (wegen der Umstände)«

Manchmal verhindern nicht die eigenen Möglichkeiten eine Teilhabe, sondern die Umstände. Beispiele: Wenn ein Rollstuhlfahrer nicht an der Universität studieren kann, weil alle Hörsäle nur über Treppen zu erreichen sind, dann ist er nicht vom Studium ausgeschlossen, weil er im Rollstuhl sitzt, sondern weil das Gebäude für ihn unpassend ist. Unter anderen Umständen (also in barrierefreien Gebäuden) könnte er problemlos studieren. Zu der Zeit, als es in den Sportarenen noch keine Platzkarten gab, kam es vor, dass ich auf Grund meiner Prothese nicht Platz nehmen konnte, denn vor den Sitzen war nicht genug Raum. Heute achte ich bei Kartenbestellungen darauf, dass ich am rechten Rand sitze, so kann ich mein Bein ausstrecken. Ich gehe auch nicht gerne alleine auf Weihnachtsmärkten einkaufen. Nirgendwo kann ich meine Tasche abstellen, um meine Geldbörse herauszuholen. In Geschäften geht das problemlos. Es kommt darauf an, unsere Umwelt so zu gestalten, dass möglichst viele Menschen mühelos damit umgehen können. Das ist natürlich nicht so leicht. Niemand kann alle Menschen mit ihren jeweiligen Grenzen im Blick haben. Was habe ich früher über Milch im Tetrapack geschimpft. Garantiert ist beim Aufschneiden der Verpackung die Milch übergeschwappt. Heute kaufe ich nur noch Milchverpackungen mit Schraubverschluss. Mein letztes Beispiel soll Ihnen verdeutlichen, dass auch an diesem Punkt nicht die Unterscheidung der Menschen in behindert und nichtbehindert festzumachen ist. Ich kann mich ja über Menschen amüsieren, die ebenfalls an Verpackungen scheitern: »Nun stell dich mal nicht so behindert an!«

Wie sehen die Lebensumstände für Menschen mit besonderen Grenzen in Deutschland aus? Manche schimpfen über rückständige Verhältnisse, manche entdecken, wie viel sich in unserem Land schon getan hat. Wie immer Sie das beurteilen wollen, ich möchte festhalten: Ausgrenzung geschieht nicht nur durch meine körperlichen und geistigen Eigenschaften, sondern auch durch eine schlecht angepasste Umwelt.

»Ich darf nicht mitmachen (weil andere das verhindern)«

Die Teilhabe am Leben wird auch durch Menschen erschwert oder gar verhindert. Die Nichtteilhabe wird zur Ausgrenzung. Aus dem »Ich kann nicht mitmachen«, wird ein »Ich darf nicht mitmachen«. Ein paar Beispiele:

Manchmal geschieht Ausgrenzung durch faktischen Ausschluss. Etwa wenn jemand nicht mitmachen darf, nur weil er Ausländer ist. Oder ein Mensch, der als Modell arbeitet, verliert Aufträge, weil er oder sie bei einem Unfall eine Hand verliert (wer will schon ein einhändiges Modell?).

Manchmal geschieht Ausgrenzung auch durch verletzende Worte. Zwei Mal ist es mir in meinem Sport passiert, dass sich mein Gegner am Rande einer Niederlage mit folgendem laut gesprochenen Satz meinte motivieren zu müssen: »Ich kann doch nicht gegen einen Behinderten verlieren.« Jedes Mal war ich wie vor den Kopf geschlagen. Wie kann jemand in mir nach fast vollendetem Spiel »nur einen Behinderten« sehen, statt meine Leistung zu respektieren. Ich habe beide Spiele kommentarlos zu Ende gebracht. Eines habe ich gewonnen und anschließend konnte ich mir einen Spruch nicht verkneifen: »Du musst dich wohl damit abfinden, noch schlechter als ein Behinderter zu spielen.« Das andere Spiel habe ich verloren. Ich war stocksauer auf meinen Gegner, habe es aber meinen Teamkollegen überlassen, die passenden Worte zu finden. Auch wenn ich objektiv gar nicht von einer Situation ausgeschlossen war, so zeigte mir dieser Spruch deutlich, für meinen Gegner gehöre ich eigentlich nicht hierher. Wir sind ungleiche Gegner. Ich behindert, er nichtbehindert. Ich frage mich allerdings, in welchem Kopf existiert die Behinderung mehr, in meinem oder in seinem?

Schließlich geschieht Ausgrenzung auch durch verletzende Blicke. Als ich mit meiner Freundin im Urlaub an der nordfriesischen Küste war, machten wir einen Tagesausflug per Fähre zu einer Insel. Auf der Rückfahrt schien die Sonne, alle standen dicht gedrängt an Deck. Ich kenne das Gefühl, angesehen zu werden. Besonders an Orten, wo viele Menschen zusammen sind, trauen sich Menschen, ihren neugierigen Blicken ungehemmt nachzugeben. Für meine Freundin war die Situation neu. Bislang erlebte sie unter vielen Menschen Anonymität. Jetzt zog sie mit ihrem behinderten Freund Blicke auf sich. Jeder würde sich am Abend an sie erinnern können. Sie fühlte sich wie auf einem Präsentierteller. Und sie dachte nach über die Fantasien der Leute: »Warum sucht sich so ein hübsches Mädchen einen behinderten Freund? Was stimmt mit der nicht?« Irgendwann rief sie den Menschen zu: »Warum glotzt ihr uns denn alle so an?« Dann drehte sie sich ab, schaute aufs Meer und fing an zu weinen. Blicke können ganz schön unter Druck setzen. Wieder wurde uns nicht die Überfahrt mit der Fähre verwehrt, aber durch das Anstarren wurde uns klar, wir sind nicht wie alle anderen. Eigentlich gehören wir nicht zu diesen Menschen, sondern sind Objekte ihrer Neugier. Wir sind anders. Verstehen Sie mich nicht falsch, ich halte es für eine normale und verständliche Reaktion, dass wir Menschen das genau betrachten, was uns fremd ist. Ärgern tue ich mich darüber, dass es anscheinend noch viele Menschen gibt, die sich nicht an Menschen mit Besonderheiten gewöhnt haben.

Besonders schlimm wird »Ich darf nicht mitmachen«, wenn es völlig zu Unrecht erfolgt. Bewerbe ich mich mit meiner Behinderung als Koch in einem Restaurant, so bekomme ich berechtigterweise eine Absage, da ich nicht über die nötigen körperlichen Voraussetzungen für diesen Beruf verfüge. Bewirbt sich ein Ausländer als Koch und wird wegen seiner Staatsangehörigkeit abgelehnt, dann führt ein sachfremdes Argument zur Entscheidung, er wird diskriminiert.

Ich bin sicher, Ihnen ist beim Lesen dieses Abschnitts längst klar geworden, dass Ausgrenzung wiederum alle Menschen betreffen kann. Es ist ein soziales Problem, und keines des Körpers. Manchmal werden besondere Grenzen zum Anlass für Ausgrenzungen genommen, oft reicht bereits das Anderssein.

»Ich will nicht (mehr) mitmachen«

Ich komme zur letzten und wohl tückischsten Ursache für soziale Benachteiligung: Ich selbst möchte nicht (mehr) am Leben der anderen teilhaben. So wie die angeblich Nichtbehinderten der Vorstellung erlegen sein können, dass Menschen nicht normal sind, so kann sich diese Vorstellung auch bei den Betroffenen selbst verfestigen. Hätte ich in meiner Kindheit ständig erlebt, dass ich wegen meines Körpers nicht hätte mitmachen dürfen, ja vielleicht sogar ausgelacht werde, ich hätte die Gemeinschaft der Kinder im Dorf gemieden. Natürlich konnte ich wegen meiner Beinprothese nicht so gut Fußball spielen wie die anderen Kinder, aber ich durfte mitspielen. Hätte ich zusehen müssen, hätte ich vielleicht angefangen zu glauben, ich werde völlig zu Recht ausgeschlossen, weil ich ja schließlich behindert bin. Ich hätte die Meinung der anderen übernommen und sie mir zu eigen gemacht. Wie schrecklich ist dieses Lebensgefühl: Ich kann nicht mitmachen, ich gehöre nicht dazu, ich bin unfähig. Da ziehe ich mich lieber zurück. Wie schrecklich, wenn Menschen von Kindesbeinen an lernen, dass sie weniger wert sind als andere. Ich sage bewusst lernen, denn wie ich zu mir selbst stehe und was ich von mir selbst halte, ist nicht angeboren. Einstellungen zu sich selbst werden durch viele Erfahrungen erlernt. Wie ich gelernt habe, dass ich normal bin, so lernen andere, dass sie Außenseiter sind. Und Anlässe gibt es genug: rote Haare, Streber in der Schule, spießige Klamotten im Jugendalter.

Übrigens sehe ich in der Tatsache, dass man nicht alles mitmachen kann und der Folge, du-gehörst-nicht-dazu, keinen zwingenden Zusammenhang. Noch einmal zurück zur Fahrradtour. Tatsächlich konnte ich nicht mitmachen, aber trotzdem war ich nicht ausgeschlossen. Abends war ich wie selbstverständlich beim Grillen dabei. Nicht jedes Das-kannst-du-nicht muss zum Du-darfst-nicht-Dabeisein führen. Im Gegenteil. Ich fühle mich in einer Gruppe dann wohl, wenn in ihr ein Klima der Offenheit herrscht. Ein Klima, in dem jede und jeder Einzelne zu seinen Schwächen und Stärken stehen darf.

Warum ist dieses Lebensgefühl »Ich bin behindert« so tückisch? Wenn es doch stimmt, dass ich bei vielen Dingen nicht mitmachen kann? Gehört es nicht zum gesunden Realismus, sich und seine Grenzen richtig einzuschätzen? Das stimmt, aber davon rede ich nicht. Ich rede von dem (erworbenen) Lebensgefühl, ein Außenseiter zu sein. Wenn Menschen selber überzeugt sind, dass sie völlig zu Recht von anderen angestarrt, von anderen verbal degradiert werden oder gar aktiv ausgeschlossen werden, dann ist das schrecklich. Denn wie könnte ein Mensch mit dieser inneren Haltung ein gesundes Selbstvertrauen erlangen? Wie kann jemand seines Lebens froh werden, wenn er glaubt, schlechter zu sein? Wer sich damit abgefunden hat, ein Außenseiter zu sein, der wird auch nicht versuchen, seine Situation zu verändern. Er wird nicht für sein Recht eintreten, wie jeder andere behandelt zu werden. Er wird sich lebenslänglich defizitär fühlen. Behinderung ist nicht vor allem ein Phänomen des Körpers, sondern ein soziales Phänomen. Die schlimmste Behinderung ist die der eigenen Seele: Ich bin es nicht wert.

Zusammenfassung

Nur der Gedanke des Ausgleichs und der Solidarität nötigt uns festzulegen, was eine Behinderung ist. Ansonsten ist die Aufteilung in Menschen mit und Menschen ohne Behinderung nicht sachgerecht. Jeder Mensch hat seine ganz individuellen Grenzen und Möglichkeiten. Jeder ist anders, das ist normal. Und so kann jede und jeder erleben, was viele Menschen auf Grund ihrer körperlichen oder geistigen Grenzen erleben: Man wird auf die Grenze reduziert, man wird nicht als gleichwertiger Partner angesehen, man gehört nicht dazu. Zum Problem wird die eigene Begrenztheit vor allem durch den Umgang mit ihr. Es gilt: Man ist nicht behindert, man wird behindert.

Man ist nicht behindert,
man wird behindert

In diesem Kapitel geht es mir daher darum, typische Phänomene zu beschreiben, wie begrenzte Menschen behindert werden bzw. zu Behinderten werden. Und ich frage, was es denn für Menschen bedeutet, als behindert angesehen, beurteilt und behandelt zu werden. Richard von Weizsäcker hat einmal gesagt: »Man ist nicht behindert, man wird behindert.« Das trifft es auf den Kopf.

Es geht mir nicht darum, eine vollständige Aufzählung aller Effekte zu geben. Vielmehr möchte ich Typisches beschreiben. Mein Buch ist keine wissenschaftliche Abhandlung, sondern Erfahrungswissen. Daher schreibe ich oft in der Innenperspektive, damit Sie sich ein (neues?) Bild vom Leben mit Grenzen machen können.

Alle beschriebenen Erfahrungen laufen letztlich darauf hinaus, dass Menschen mit besonderen Grenzen nicht als gleichrangige Partner behandelt werden, sondern zu Untergeordneten degradiert werden. Es geht um die Verletzung der personalen Würde. Es geht um Abwertung und Ungleichbehandlung. Sobald ich mein Gegenüber nicht so ernst nehme, wie ich mich selbst ernst nehme, fängt Ausgrenzung an.

Sprache behindert

Auf den zurückliegenden Seiten habe ich vermehrt den Begriff »Behinderter« vermieden. Ich vermeide diesen Begriff, weil Sprache Wirklichkeit schafft. Der Begriff suggeriert einen prinzipiellen Unterschied zwischen Menschen mit ihren individuellen Grenzen.

Hinzu kommt ein Zweites: Der Begriff ist negativ besetzt. Wird jemand als »Behinderter« bezeichnet, so wird das kaum ein Würdetitel sein. Immer noch empfinde ich diese Bezeichnung als wenig schmeichelhaft. Es schwingen Assoziationen mit, die nicht zwingend mit der besonderen Grenze verbunden sind. Manch einer mag an Hilflosigkeit denken, jemand anderes an Armut, ein Dritter glaubt, behindert bedeute zugleich mangelnde Intelligenz. Beispiele hierfür nenne ich später.

Schließlich stellt die Bezeichnung als »Behinderter« eine Verengung dar. Das scheint mir das größte Problem zu sein. Belege ich jemanden mit dem Etikett »Behinderter«, so sage ich damit, dass dieser Mensch zuallererst behindert ist. Das Wesentliche an ihm, das, was ihn ausmacht, ist seine Behinderung. So wie das zentrale Merkmal eines Balles ist, dass er rund ist, so legt die Bezeichnung eines Menschen als »Behinderter« nahe, dass dieser Mensch vor allem »behindert« ist. Und dies entspricht nicht meinem Empfinden. Halte ich eine Predigt, so kümmere ich mich nicht um meine Arme. Gehe ich einkaufen, so bin ich Kunde und nicht »Behinderter«, und als solcher möchte ich auch behandelt werden. Meine Behinderung ist wichtig, aber sie macht mich nicht aus. Und sie sagt rein gar nichts über meinen Charakter. Sie ist lediglich eine Facette meiner Person. Die Bezeichnung als »Behinderter« stellt eine Reduktion meiner selbst dar. Weder ist meine Behinderung das Wichtigste an mir, noch bin ich überwiegend behindert. Ich bin doch auch begabt. Stelle ich mich am Telefon nicht als »Behinderter« vor, sondern als Tischtennis-Europameister, so wird mein Gegenüber völlig andere Bilder in seinem Kopf haben: Der ist bestimmt sehr diszipliniert, sicher ist er athletisch, vielleicht gar attraktiv und potent (Werbung nutzt dieses Image). Jede Zuordnung einer Person zu einer Gruppe birgt die Gefahr, dass man die Individualität des Einzelnen aus dem Blick verliert. Die Zuordnung zu einer Kategorie erfasst nie die ganze Person. Alle, die ebenfalls mit einem Begriff belegt werden, wissen, wovon ich rede. Sitze ich im Zug und erzähle, dass ich Pfarrer bin, so ist ein Gespräch über die Kreuzzüge nicht fern. Wird jemand als Politiker vorgestellt, so kommt er sofort in eine Schublade.

Andererseits bieten Sammelbegriffe auch die Chance, schnell Informationen über jemanden weiterzugeben. Stellt sich jemand als Richter vor, so vermute ich erst einmal, dass dieser ein braver Bürger ist und kein Verbrecher. Von einem Clown erwarte ich, dass er Humor hat. Wer Menschen mit besonderen Grenzen »Behinderte« nennt, sollte wissen, diese Personen erschöpfen sich nicht in ihrem Behindertsein.

Wie aber möchte ich von meiner Begrenzung reden? Ich habe es auf den letzten Seiten immer wieder versucht. Ich bin begrenzt, sicher auch »außergewöhnlich begrenzt« –

ich bin lieber »außergewöhnlich« als »unnormal«. Ich habe in meinem Leben Handicaps. Auch dieses Wort klingt für mich nicht abwertend. Dagegen empfinde ich das im Englischen gebräuchliche »disabled« als schrecklich. Ich bin doch nicht generell unfähig. Die Bezeichnung als »differently abled« gefällt mir gut. »Anders begabt«, ja, das passt zu mir.

»Du bist nicht gleichwertig«

Behindertsein ist ja für mich vor allem ein soziales Phänomen und nicht so sehr ein leibliches. Präziser gesagt, es ist ein Rollenphänomen. Die besondere Begrenzung bringt häufig eine Rollenzuweisung mit sich. Entweder sehen mich andere Menschen in der Rolle des Behinderten oder ich selbst sehe mich darin. Oft kommt beides zusammen.

»Das kannst du nicht«

Wir Menschen verfügen über eine gewaltige Kreativität. Insbesondere am Anfang unseres Lebens lernen wir annähernd jeden Tag Neues. Unsere Fähigkeiten bilden sich rasant aus. Stoßen wir auf ein Problem, so wollen wir es lösen. Immer wieder stehen wir auf, bis wir endlich laufen können. Immer wieder habe ich versucht, mich selbst zu kämmen, bis ich den Bogen raushatte. Auch als Erwachsene verlässt uns diese Kreativität nicht. Ein älterer Herr erzählte mir, er habe im Krieg einen Arm verloren. »Doch ich wollte mir unbedingt alleine die Schuhe binden können. Also habe ich es als 25-jähriger Mann gelernt.« Ich selbst entdeckte erst im Alter von 36 Jahren das richtige Hilfsmittel, um Nüsse zu knacken. Manches ist möglich, was völlig unmöglich erscheint. Hätten Sie meine Eltern nach meiner Geburt gefragt, was aus ihrem Sohn werden soll, sie hätten wohl ratlos mit den Achseln gezuckt.

Allerdings kann Kreativität gehemmt werden. Vor allem indem ein Mensch immer wieder »Das kannst du nicht« zu hören bekommt. Wie soll ein Kind ohne Arme lernen etwas auszuschneiden, wenn die Eltern des Kindes dieses für unmöglich halten? »Helfen« sie dem Kind vorschnell mit den Worten: » Lass mich das machen, das kannst du doch nicht« verhindern sie, dass das Kind es lernt. Irgendwann wird es selbst sagen und glauben: »Ausschneiden? Das kann ich nicht!« Damit ist dem Kind nicht geholfen.

Wir Menschen haben eine klare Vorstellung davon, was anderen Menschen möglich ist und was nicht. Doch sollten wir stets offen sein für das Unerwartete. Herausforderungen lassen uns Menschen wachsen, Unterforderungen lassen uns stillstehen. Nun wenden Sie vielleicht ein, dass Überforderungen frustrieren und »das wollen wir dem Kind ersparen«. Dieser Wunsch ist verständlich. Allerdings frage ich zurück: Wer entscheidet, was eine Unter-, eine Heraus- oder eine Überforderung ist? Wissen Eltern besser als ihre Kinder, welchen Aufgaben diese gewachsen sind? Wissen fremde Menschen, die mir ungefragt helfen (weil ich ja in ihrer Vorstellung überfordert bin), es besser als ich. Ich plädiere dafür, Kinder und Menschen mit außergewöhnlichen Grenzen ernst zu nehmen. Sie sollten selbst entscheiden dürfen, was sie können und was nicht. Der vorschnelle Satz »Das kannst du nicht« birgt die Gefahr der Entmutigung und der Entmündigung. Wir trauen es dem Gegenüber nicht zu, seine Fähigkeiten auszuloten. Übrigens ist das nicht nur ein Thema von Kindern und von besonders begrenzten Menschen. Auch alte Menschen können erleben, wie die eigenen Kinder für sie entscheiden, wie lange sie bei einem Fest bleiben können: »Komm, Mutter, das war anstrengend genug für dich«.

Um es allgemein zu formulieren: Menschen sollten grundsätzlich nicht für andere entscheiden, welche Fähigkeiten sie haben oder nicht. Wir alle brauchen einen Lebensraum, der Kreativität zulässt. Wir alle lernen durch Scheitern und Gelingen. Jedem Menschen muss dieses Lernen zugestanden werden. Stülpen wir einem Menschen nicht vorschnell unsere Vorstellungen des Möglichen über.

Ein bedeutender Einwand scheint mir möglich. Ich möchte ihn hier nennen, aber erst unter dem nächsten Punkt dazu Stellung nehmen. Gibt es nicht Menschen, die tatsächlich unmündig sind, sodass andere für sie entscheiden müssen? Ich denke etwa an Menschen mit außergewöhnlichen geistigen Grenzen.

»Ich weiß, was du willst«

»Entmündigung« habe ich das oben beschriebene Verhalten genannt. Sie betrifft den Menschen nicht nur in dem, was er kann, sondern vor allem in dem, was er will. Gerade offensichtlich begrenzte Menschen erleben es, dass man ihnen einen eigenen Willen abspricht, die Fähigkeit für sich selbst zu reden. Manchmal haben Fremde meine Mutter in meiner Gegenwart gefragt: »Geht er denn auch zur Schule?« Ich habe das als Missachtung meiner Person empfunden. Wieso spricht dieser Mensch nicht mit mir, wenn er etwas von mir wissen will? Ein weiteres Beispiel: Mit meinen Konfirmanden war ich kurz vor Karneval in einer großen diakonischen Einrichtung. Stolz berichtete ein Mitarbeiter der Werkstatt für geistig Behinderte, dass sie ein schönes Karnevalsfest für die Behinderten vorbereiten. Ich fragte nach, warum man nicht gemeinsam den Raum schmücke und gemeinsam überlege, was beim Karnevalsfest stattfinden solle. Ich bin fest davon überzeugt, dass alle Menschen einen Willen haben. Nehmen wir ihn ernst? Nehmen wir ihn ernst!

Ich behaupte nicht, dass es keine Situation geben sollte, wo Menschen stellvertretend für andere entscheiden. Natürlich haben meine Eltern entschieden, ob ich in einen Kindergarten gehe oder nicht. Sie haben auch bestimmt, welche Regeln bei Tisch gelten. Ich spreche aber von den Situationen, wo Menschen unnötigerweise wie Kinder behandelt werden, obwohl sie längst keine mehr sind. Und um solches zu verhindern, plädiere ich dafür, zuerst einmal mein Gegenüber ernst zu nehmen. Kinder, Senioren, besonders Begrenzte – zuerst sollte ich annehmen, dass sie in der Lage sind, für sich selbst zu sprechen.

Alles in allem sehe ich die Gefahr, dass Menschen auf Grund einer Behinderung das Recht auf Selbstbestimmung streitig gemacht wird, weil man annimmt, dass mit der Behinderung eine Unselbstständigkeit verbunden ist. Doch, Menschen mit besonderen Grenzen sind nicht automatisch unmündig oder gar willensschwach. Im Gegenteil, manche sind besonders mündig und wissen genau, was sie wollen.

Ich komme zu dem Einwand, ob es Menschen gibt, die tatsächlich so stark eingeschränkt sind, dass andere für sie entscheiden müssen. Sicher sind Situationen denkbar, in denen Menschen für andere Verantwortung tragen müssen. Manchmal sind es schwere ethische Entscheidungen, die zu treffen sind. Etwa die Frage nach der Sterilisation geistig behinderter Menschen. Denn natürlich verlieben auch sie sich und selbstverständlich haben sie wie wir das Bedürfnis nach Zärtlichkeit und Sexualität. Doch wenn eben möglich sollte gelten, eine Entscheidung ist nicht für oder gar gegen einen Menschen zu treffen, sondern mit dem Menschen, und zwar entsprechend dem Maße, wie dieser fähig ist, einen eigenen Willen kundzutun. Ich kenne einen schwerstmehrfach behinderten Jungen, der weder sprechen, noch sehen, noch gehen kann. Aber mit Hilfe einer Taste, die bei Betätigung einen Ton abgibt, kann er einfache Fragen mit »ja« oder »nein« beantworten. Und er kann auf sich aufmerksam machen. Auch wenn es wenig erscheint, bei elementaren Fragen sollte man seinen Willen akzeptieren.

»Ich helfe gerne«

Ich habe nichts gegen Hilfe. Helfen heißt, ich tue etwas für einen anderen. In vielen Bereichen ist Hilfe ein schönes Zeichen der Ehrerbietung und Höflichkeit, etwa wenn ich jemandem die Türe aufhalte. Ich deute damit ein Interesse am Wohlbefinden eines anderen an. Doch was für den Willen gilt, gilt auch für die Hilfe. Sie kann einen Menschen entmündigen. Es ist mir schon passiert, dass mir ein gut meinender Mensch im Flughafen die Tasche von der Schulter gerissen hat mit den Worten: »Wohin soll ich sie tragen?« Ich musste mich erst einmal von dem Schock erholen, weil ich für einen Augenblick glaubte, Opfer eines Diebstahls zu werden. Das war kein Akt der Höflichkeit. Bekannt sind Karikaturen, wo alten Menschen über die Straße geholfen wird, obwohl sie gar nicht hinüberwollten. Entmündigend wird Hilfe dann, wenn der Helfende bereits zu wissen meint, was der vermeintlich »Hilflose« will (ohne diesen zu fragen). Die Tochter, die zu ihrer gebrechlichen Mutter sagt: »Willst du nicht ein bisschen Fernsehen schauen«, und dann den Apparat einschaltet, ohne die Antwort abzuwarten. Vielleicht hilft sie eher sich als ihrer Mutter. Manche Menschen haben regelrecht ein Helfersyndrom: Helfen, um sich besser zu fühlen. Treten wir in der Rolle des Helfenden auf, so können wir uns edel und gut fühlen. Dass sich mein Gegenüber vielleicht abhängig und ausgeliefert fühlt, gerät leicht aus dem Blick. Ob Hilfe angemessen ist, entscheidet sich für mich an folgender Frage: In welcher Beziehung, in welcher Rolle sehen sich Helfer und Hilfeempfänger? Hilft der Helfer, um sich gut zu fühlen, so geht es ihm nicht zuerst um den anderen. Der Hilfeempfänger wird zum Objekt, er wird abgewertet. Hilft der Helfer, weil der Hilfebedürftige gefragt hat und damit diesem geholfen wird, so geht mit der Hilfe keine Abwertung einher. Der Hilfeempfänger bleibt Subjekt, beide sind Partner.

Gerne werde ich angesprochen mit: »Darf ich Ihnen helfen?« oder »Sagen Sie mir Bescheid, wenn Sie Hilfe brauchen?« Da spüre ich, mein Gegenüber respektiert meine Wünsche und traut mir zu, selber zu bestimmen, was ich kann und was nicht. Gleichzeitig liegt ihm mein Wohlbefinden am Herzen.

»Der arme Junge« – zu viel Mitleid

Eine weitere Form der sozialen Ausgrenzung ist die des ungewollten Mitleides. Hierbei handelt es sich meines Erachtens um eine besonders subtile Art der Diskriminierung. Erstens, weil es die Menschen ja nur gut mit einem meinen (also ein guter Wille das Motiv des Handelns ist), zweitens, weil man sich so schlecht dagegen wehren kann. Es war während meiner Heidelberger Zeit. Ich hatte gerade ein wunderschönes Wochenende mit meiner Liebsten erlebt und saß nun selbstzufrieden und glücklich am Neckarufer und las ein Buch. Da hörte ich jemanden sagen: »Das muss ein hartes Leben sein, so ohne Arme.« Völlig irritiert drehte ich mich um, um zu sehen, ob da wohl noch jemand ohne Arme saß. Aber nein, ich war gemeint. Da möchte ich am liebsten die Welt umarmen, und dann bemitleidet mich jemand. Wer verliebt ist, will kein Mitleid. Ein anderes krasses Beispiel, wieder aus meiner Studentenzeit: Ich stehe frühmorgens an der Straßenbahnhaltestelle und will zur Uni fahren. Langsam füllt sich der Platz. Da merke ich, wie jemand von hinten meine Jacke berührt. Ruckartig drehe ich mich herum und entdecke eine sehr alte, schon gebrechliche Frau. In ihrer Hand eine D-Mark, die sie mir schenken will. Ich spreche sie an: »Das ist sehr nett von Ihnen, aber mir fehlt es an nichts, bitte geben Sie das Geld jemandem, der es wirklich braucht.« Sie spricht und jammert vor sich hin: »Der arme Junge. Nein, was ein schweres Leid, keine Arme hat er.« Ich versuche in ihre Vorstellungswelt einzudringen und erkläre, dass ich zwar behindert bin, aber nicht arm. Sie lässt sich von ihrem Plan nicht abbringen. Inzwischen sehen uns die meisten Umstehenden an. Ich gehe einige Schritte weg, doch die Frau geht mir nach. Mir ist die Situation zuwider. Ich wollte doch nur wie so viele andere zur Uni fahren und jetzt diese Szene. Ich denke nach, was ich tun kann. Natürlich meint sie es gut mit mir. Ja, ich weiß, sie glaubt, ich müsse in finanziellen Schwierigkeiten stecken, weil ich behindert bin. Vielleicht stimmte das in ihrer Jugend auch, nur für mich heute trifft es nicht zu. Gleichzeitig bin ich wütend auf diese Frau. Warum lässt sie mich nicht in Ruhe? Ich habe doch deutlich gesagt, dass es mir nicht schlecht geht.

Ich halte Mitleid für eine gute menschliche Regung. Allerdings sollte man nur mit Menschen leiden, die auch selber leiden. Ungewolltes Mitleid verkennt die Situation des anderen. Es gibt gar Menschen, denen tut es gut mitzuleiden. Indem sie mit jemandem leiden, fühlen sie sich mildtätig und edel. Sie können sich zudem darüber freuen, dass es ihnen nicht so geht wie diesem. Es gibt die Art des Mitleides, wo sich einer über den anderen erhebt. Sobald ich im Gegenüber nicht mehr den Partner sehe, der selber sein Leid artikulieren darf, stehe ich in der Gefahr, ihn zum Objekt meines Mitleides zu machen. Wie es das »Helfersyndrom« gibt, so scheint es auch das »Mitleidsyndrom« zu geben.

»Kann ich dir helfen?« – Vom diskriminierenden Du

Ich mag die Atmosphäre in Kölner Kneipen. Ungezwungen trifft man sich und niemand kommt auf die Idee, einen anderen mit »Sie« anzureden. Alle sind untereinander per Du. Und wer sich als Tischtennisspieler auf einem Turnier bewegt, wird ebenfalls wie selbstverständlich geduzt. Es gibt allerdings auch ein diskriminierendes Du. Es ist ein respektloses Du und deutet dem Gegenüber an: Ich nehme dich nicht ernst. Als ich Mitte 20 war, ging ich in Jeans und T-Shirt bekleidet in eine Buchhandlung. Ich wollte nur ein wenig stöbern. Da spricht mich eine Verkäuferin an: »Na, was kann ich denn für dich tun?« Ich schaue sie an. Nein, diese Frau kenne ich nicht und so antworte ich: »Führst du eine Gesamtausgabe von Kants Werken?« Verlegen entschuldigt sie sich. Manchmal signalisiert ein »Du« nicht Freundschaft, sondern Unterordnung. Ich behandle dich wie ein Kind. Man braucht übrigens nicht immer ein explizites »Du«, es reicht auch schon der Tonfall der Kindersprache.

 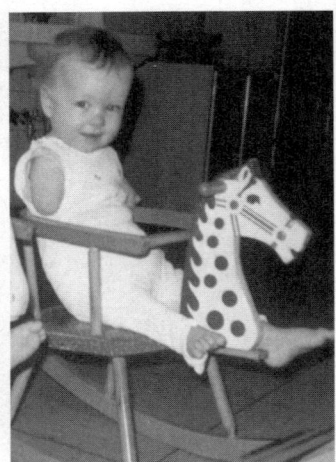

Rainer mit Poncho *Glückliche Kindheit*

Ausprobieren …

Ein Vater, zwei Söhne

Konfirmation mit Armprothesen

Bundestrainer Paul Klingen – Tischtennis denken

Handschrift

Teamkollege Thomas Kurfeß

»Geehrt«

Tageszeitung; Paralympics Seoul 1988

Rückkehr von den Paralympics Sydney 2000

Ein Dorf feiert

Freundschaft

Paralympics Sydney 2000 – Team Gold

Autogrammkarte

Man ist nicht behindert,
man fühlt sich behindert

Im vorherigen Kapitel habe ich versucht, einige typische Phänomene zu beschreiben, wie Menschen sich gegenüber außergewöhnlich begrenzten Menschen verhalten und worin die Ausgrenzung besteht. Jetzt versuche ich zu beschreiben, welches Lebensgefühl eine Begrenzung mit sich bringen kann. Ich sage absichtlich »kann«, denn die eigene Einstellung zur Begrenzung ändert sich meistens im Laufe des Lebens. Zugleich weise ich darauf hin, dass diese Gefühle nicht exklusiv für besonders begrenzte Menschen reserviert sind. Und schließlich erwähne ich Möglichkeiten, wie sich diese negativen Lebensgefühle verändern lassen.

»Ich falle auf«

Ich habe Ihnen die Geschichte erzählt, als meine Freundin und ich auf einer Fähre angestarrt wurden. Ähnliches erlebe ich, wenn ich durch eine Fußgängerzone gehe. Natürlich falle ich mit meinem besonderen Erscheinungsbild auf. Ich halte das für einen normalen Effekt. Wir Menschen nehmen das in den Blick, was uns fremd ist. Gewöhnliches und Vertrautes übersehen wir. Doch obwohl ich Angeschautwerden für einen verständlichen Effekt halte, habe ich etwas dagegen. Denn es setzt mich unter Druck. Ich kann nicht unbemerkt leben. Ich werde nicht nur angesehen, sondern ich fühle mich beobachtet. Das verunsichert. Hole ich im

Supermarkt ein Joghurtglas aus dem Regal, so mache ich das vorsichtig (schließlich sehen mir bestimmt ein paar Menschen zu und sind gespannt, ob ich es fallen lasse). Finden andere Menschen in der Öffentlichkeit Anonymität, so fallen sichtbar begrenzte Menschen auf. Gehe ich durch die Fußgängerzone, können sich am Ende des Tages viele Menschen erinnern, mich gesehen zu haben.

Nun geht es mir in diesem Punkte ebenso wie vielen anderen. Berühmte Menschen fallen auf, außergewöhnlich gekleidete auch. Nach hübschen Menschen dreht man sich um, und wer Pfarrer, Arzt oder Bürgermeister ist, bleibt nicht lange unerkannt.

Doch, es muss nicht so sein. Anlässlich der Paralympics war ich in Sydney. Ich war erstaunt über die bunte Mischung der Menschen auf den Straßen. Am Ende der ersten Woche gingen wir in einer kleinen Gruppe von Athleten ins Zentrum. Es war heiß und so hatte ich nur eine kurze Hose an. Erst war ich etwas unsicher, ob ich nicht dadurch noch mehr Blicke als sonst auf mich ziehen würde. Aber ich sagte mir: »Hier kennt mich niemand und außerdem bin ich durch meine Kleidung als Paralympics-Teilnehmer zu erkennen. Da wird hoffentlich das Sportlerimage stärker als das Behindertenimage wirken.« Doch seltsamerweise gab es kaum Menschen, die überhaupt von mir und von unserer Gruppe Notiz nahmen. Anscheinend waren die Menschen hier die Vielfalt gewöhnt, sodass sie auch körperlich andere Menschen nicht außergewöhnlich fanden. Es kommt also darauf an, dass uns der Umgang mit der Vielfalt der Menschen vertraut ist. Würden Menschen mit ihren besonderen

Grenzen zum alltäglichen Stadtbild gehören, so hätten sich schnell alle daran gewöhnt. Menschen, denen ich vertraut bin, starren mich nicht an.

»Ich schäme mich«

Wie es ist, sich seiner selbst zu schämen, habe ich Ihnen in der Geschichte meines Freibadbesuches erzählt. Ich vermute,wir alle kennen das Gefühl der Scham. Die Anlässe sind vielfältig. Wir empfinden uns als hässlich oder als Schwächling. Wir meinen, dumm zu sein und hoffen niemand merkt, dass wir nicht lesen können. Heimlich kaufen wir Schnaps am Kiosk, damit anderen unsere Abhängigkeit nicht auffällt, und unsere Pfunde verdecken wir unter weiten Kleidern. Wir alle kennen wohl das Gefühl, weniger wert zu sein als die anderen: unwürdig, unfähig, unannehmbar. Auch Menschen mit außergewöhnlichen Grenzen erleben Scham – die Angst zu der eigenen Grenze zu stehen. Obwohl die meisten nichts für ihre Behinderung können, so empfindet man diese doch als persönliche Schwäche. Gerne will man sie verbergen. Nur ungern zeigen wir Menschen unsere gebrechlichen Seiten.

Die Scham bewahrt uns davor, unsere Schwächen vor anderen offenbaren zu müssen. Wir schützen uns, von anderen negativ beurteilt zu werden. Wir bemühen uns, vor anderen besser dazustehen, als wir uns selbst empfinden. Und oft schämen wir uns zu Recht. Wer schwache Seiten offenbart, ist angreifbar. Dem droht der Entzug von Sympathien und Zuneigung.

Doch Scham hat auch ihre Tücken. Sie kann unglaublich viel Kraft kosten. Wie oft habe ich Ausreden erfunden, um zu erklären, warum ich im Hochsommer lange Hosen trage. Wie sehr habe ich aufgepasst, dass niemand meine Farbenblindheit bemerkt. Wie viele Menschen bangen täglich darum, dass ihre Alkoholabhängigkeit nicht auffliegt. Und so manch einer zieht sich aus dem sozialen Leben zurück, weil er nicht lesen kann. Es ist aufwändig, etwas zu verbergen.

Zugleich hemmt die Scham unsere Lebensfreude, denn sie kann zum beherrschenden Gefühl werden. Schämen wir uns häufig, so fangen wir an, uns nicht nur wegen einer Schwäche zu schämen, sondern wir schämen uns als ganze Person. Das Gefühl kann zum prägenden Selbstbild werden. Ich bin unansehnlich, nicht nur mein Bein. Ich bin im Ganzen ein beruflicher Versager, obwohl ich doch nur mangelnde Computerkenntnisse habe. Nicht mehr nur einen Teil der eigenen Identität bewerten wir negativ, sondern uns als gesamte Person. Wir abstrahieren nicht, dass wir einen begrenzten Körper haben, sondern wir sind begrenzt.

Scham hat einen weiteren unerfreulichen Effekt. Sie verhindert einen befreiten Umgang mit einer vermeintlichen Schwäche. Wegen meiner kurzen Arme habe ich mich nie geschämt. Wohl deshalb nicht, weil ich sie nie verstecken konnte. Dadurch musste ich lernen, zu ihnen zu stehen. Mit meiner Beinprothese war das ganz anders. Die glaubte ich, verstecken zu können, und das habe ich versucht. Erst dadurch, dass ich im Schwimmbad gezwungen war, meine »Schwäche« offenzulegen, konnte ich lernen, dass andere mich deswegen nicht auslachen. Die Scham verhinderte lange Zeit eine Auseinandersetzung mit meiner mir peinlichen Seite. Und damit auch die Möglichkeit, meine Angst zu verlieren. Sie verhindert einen guten Umgang mit meinen Schwächen.

Bevor ich Sie fragen möchte, was wir brauchen, um die Scham zu verlieren, möchte ich Sie auf eine Unterscheidung hinweisen. Meines Erachtens gibt es hilfreiche Scham und problematische Scham. Hilfreich ist sie, wenn sie uns berechtigterweise schützt. Es ist gut, dass wir uns schämen, wenn uns jemand bloßstellt. Scham gibt uns ein Gefühl dafür, wo wir verletzlich sind. Problematisch wird Scham dann, wenn sie mich gefangennimmt. Wenn sie verhindert, dass ich selbst mich meiner Verletzlichkeit stelle. Man sollte sich nicht für Behinderungen schämen. Wenn Scham einen befreiten Umgang mit mir selbst verhindert, wird sie zum Problem.

Was brauchen wir, um unsere behindernde Scham zu verlieren? Die einen wünschen sich, es gäbe all die Dinge nicht mehr, dessen sich Menschen schämen können. Ein schöner, aber unrealistischer Traum. Immer wird es Dinge geben, die uns peinlich sind. Ich meine, wir brauchen Menschen, denen wir uns ohne Angst öffnen können. Menschen, denen wir wichtiger sind als unsere Schwächen. Menschen, die uns lieben, auch wenn sie unsere dunklen Seiten kennen. Wer einen oder mehrere solche Menschen hat, kann die Maskerade fallen lassen. Und dann können wir lernen, dass dieses hässliche Phänomen seinen Schrecken verliert. Es ist gar nicht so schlimm, eine Beinprothese zu tragen. Es führt gar nicht zur Ablehnung, Alkoholabhängigkeit zuzugeben.

Wenn ich destruktive Scham überwinde, wird ein Weiteres möglich: Ich kann mich verändern. Indem ich Scham verliere und mit einem anderen den dunklen Punkt meines Lebens ansehe, verändert sich meine Einstellung. Wenn Trinker einen Raum des Vertrauens in einer Gruppe der Anonymen Alkoholiker finden, dann müssen sie vor ihrer Sucht nicht mehr weglaufen. Dann können sie die Sucht akzeptieren. Ein erster Schritt, sie zu überwinden.

Ein letzter Gedanke: Ich habe beobachtet, dass andere Menschen so mit mir umgehen, wie ich zu mir stehe. In dem Maße, wie ich lerne, meine vermeintlichen Schwächen nicht als Stigma zu verstehen, sehen es andere ebenso. Im letzten Jahr war ich mit sieben mir vorerst völlig fremden Menschen in der griechischen Inselwelt segeln. Für mich ist meine Beinprothese inzwischen kein Grund mehr, mich defizitär zu fühlen. Also habe ich nicht versucht, sie zu verbergen. Und so war diese Behinderung für alle anderen ebenso normal wie meine Armbehinderung. In dem Maße, wie ich mich selbstverständlich zu mir verhalte, tun das auch andere.

»Ich stosse an meine Grenzen« – sich defizitär fühlen

Ich habe Ihnen in diesem Buch schon viel von meinen Begrenzungen mitgeteilt. Zwar staunen die meisten Menschen, was trotz meiner körperlichen Einschränkung möglich ist, doch bleiben Tätigkeiten, die ich trotz guter Hilfsmittel und helfenden Menschen nicht erledigen kann. Immer wieder stoße ich an meine Grenzen, auch wenn mein Leben inzwischen gut an meine Besonderheiten angepasst ist. Nun lebe ich in einer Gesellschaft, wo Menschen nach ihren Leistungen beurteilt werden. Wer begabt ist, wird gelobt, wer etwas leisten kann, ist wertvoll. Und so kann der Wunsch entstehen, etwas mehr zu können, ein wenig klüger zu sein, eben nicht so enge Grenzen zu haben.

Es besteht die Gefahr, sich vor allem auf die eigenen Mängel zu fokussieren, sich als mangelhaft zu bewerten.

Nun liegt der Gedanke nahe, dass Menschen, deren Grenzen eng gesteckt sind, auch am meisten unter ihren Grenzen leiden. Und Menschen, deren Fähigkeiten ausgeprägt sind, am wenigsten auf ihre Grenzen achten. Ich halte das für einen Trugschluss. Meines Erachtens kommt es nicht so sehr darauf an, wo meine Grenze ist, sondern wie ich mit ihr umgehe. Und da spielen Erwartungen und Vorstellungen eine wichtige Rolle. Erwarten andere oder ich selbst, dass ich am Ende der ersten Klasse bereits gut lesen kann, dann leide ich darunter, wenn ich nur zäh Wörter entziffere. Glaubt ein Spitzensprinter, er könne bei der Olympiade Gold gewinnen und er wird nur Dritter, ist er enttäuscht (auch wenn er objektiv gesehen hoch begabt in Sachen Laufen ist). Es kommt darauf an, an welchen Zielen und Leistungen wir uns messen, ob wir mit dem, was wir können, unzufrieden sind oder nicht. Und es kommt auf ein Zweites an. Es gibt Lebensbereiche, in denen ist Begabung nicht alles. Gut, bei den Paralympics will ich ein guter Sportler sein. Da werde ich (ausschließlich?) an meiner

Leistung gemessen. Im Alltag aber sind vor allem soziale Kompetenzen wichtig. Man ist nicht mit dem Teamkollegen befreundet, der am besten Fußball spielt, sondern mit dem, der einem am sympathischsten ist. Ich habe gelernt, meine körperliche Grenze zu akzeptieren, weil es Menschen gab, die mich nicht an meinen Fähigkeiten gemessen haben. Freundschaft, Liebe, Respekt, das brauchen wir, um uns selbst trotz mancher Schwächen zu akzeptieren. Vermutlich würde ich an meiner Behinderung verzweifeln, wenn sie immer wieder zum Anlass genommen worden wäre, um mich zu kränken, abzulehnen und auszugrenzen. Es sind nicht vor allem die außergewöhnlich begrenzten Menschen, die unter ihren Grenzen leiden. Es sind die Menschen, die oft abgelehnt wurden, Menschen, denen vermittelt wurde, sie seien wertlos und überflüssig. Diese fangen an, sich defizitär zu fühlen. Wie schwer haben es Menschen, die eigenen oder fremden Ansprüchen nicht genügen. Wie schwer ist es, mich selbst zu mögen, wenn niemand mich mag. Das behindert mich, Stück um Stück, in meiner Lebensfreude, in meinen Entfaltungsmöglichkeiten.

Natürlich stehen auch behinderte Menschen in einer Welt, in der Behinderungen als Überforderungen angesehen werden, in der Gefahr dieses zu erleben. Aber vermutlich nicht mehr oder weniger als andere auch. Ich meine sogar, dass Menschen mit offenkundigen Begrenzungen zwei Vorteile haben. Erstens, sie müssen sich dem Thema »Begrenzt sein« schon früh stellen, während andere es von sich weisen können. Ich stand nicht in der Gefahr, mich für den Größten zu halten, denn hin und wieder habe ich mich klein gefühlt. Und zweitens, begrenzte Menschen merken wahrscheinlich früher als andere, dass sie bei dem Spiel der-Beste-zu-sein nicht gewinnen können. Also kann man getrost aussteigen und sich den Freunden widmen, bei denen man nicht an Leistungen gemessen wird. Es ist nicht Leistung oder Begabung, die meine Freunde schätzen, sondern es ist meine Art. Mit anderen Worten: Ich bin mehr als die Summe meiner Talente. Das lernen Menschen mit Behinderungen vielleicht früher als andere.

»Ich bin nicht attraktiv«

Mit einer optisch sichtbaren und von anderen als Behinderung empfundenen Einschränkung geht die Vorstellung einher, nicht attraktiv zu sein. Haben Sie in der Werbung schon einmal körperbehinderte Modelle gesehen? Und die Helden in Kinofilmen sind meistens makellos schön und anscheinend unverwundbar. In einer Gesellschaft, in der Schönheit ein hohes Ideal ist, merken behinderte Menschen, dass sie dieses Ideal nicht erreichen können.

Als ich ein kleiner Junge war, hat sich die Frage nach Attraktivität daran entschieden, ob ich liebenswert bin. Ich wusste mich von meiner Familie geliebt und von Freunden gemocht. Das mag der Grund gewesen sein, dass ich immer völlig sicher war, als Erwachsener werde ich heiraten und selbst Kinder haben. Daran hatte ich keinen Zweifel. Die kamen erst auf, als ich anfing, erwachsen zu werden. Schönheit und ein gut gebauter Körper wurden mir immer wichtiger. Deutlich erinnere ich mich an meine erste Freizeit mit vielen anderen Jugendlichen. Natürlich habe ich ein Auge auf die Mädchen geworfen. Ich habe mir gewünscht, ich werde mich verlieben und meine Gefühle mögen erwidert werden. Doch kein Mädchen verliebte sich in mich. Da ging es Klaus anders. Der war groß, stark und schön. Dazu war er auch noch witzig und sympathisch. Auf den flogen die Mädchen reihenweise. Deutlich spürte ich meine vergleichsweise geringe Attraktivität. Und ich konnte es den Mädchen nicht vorwerfen. Auch ich achtete und achte auf Schönheit und Anmut. Wie kann ich es da den Frauen verdenken, es ebenfalls zu tun? Inzwischen aber habe ich neue Erfahrungen gemacht. Ich habe erlebt, dass ich geliebt wurde. Mein begrenzter Körper hat das nicht verhindert. Es gab Frauen, die sich nicht von meiner Behinderung haben abhalten lassen und sich in mich verliebt haben. Attraktivität und Sympathie scheinen sich nicht nur am Erscheinungsbild festzumachen, sondern vor allem an der Ausstrahlung eines Menschen. Je länger ich jemanden kenne, desto unwichtiger wird mir das Aussehen. Und je sympathischer mir ein Mensch ist, desto hübscher kommt dieser mir vor. Liebe lässt einen Menschen in einem anderen Licht erscheinen. Die Erfahrung, geliebt zu werden, hat mich gelehrt, mich nicht hässlich zu fühlen. Das Erleben von Freundschaft und Liebe versöhnt mich mit meiner Unvollkommenheit. Auch das gilt für außergewöhnliche wie für gewöhnlich begrenzte Menschen.

Begrenzung als ständiges Thema

Ein süßes kleines Mädchen. Sie schaut mich unentwegt an. Jetzt erwidere ich ihren Blick und schenke ihr ein Lächeln. Darauf verkriecht sie sich hinter ihrer Mama, die nur zwei Meter von mir entfernt im Joghurtregal wühlt. Ich wende meine Aufmerksamkeit wieder dem Käsestand zu. Jetzt erst wagt das kleine Mädchen, ihrem Staunen Ausdruck zu geben: »Der Mann da hat keine Arme«. Schlagartig ruft sie mir ins Bewusstsein zurück, was ich allzu leicht vergesse, weil meine Behinderung so normal für mich ist. Natürlich kann die Mutter der Kleinen nicht die Fragen der Tochter nach dem »Warum« und »Wie kann der denn essen« beantworten und deswegen ergreife ich kurzerhand die Initiative und spreche das Mädchen an. Nach zwei bis drei Minuten habe ich die erste Neugier gestillt und verabschiede mich von einem winkenden Menschenkind, meinen Einkaufswagen Richtung Kasse schiebend. Zurück bleibt ihre Verwunderung über meine kurzen Arme, die mir einmal mehr zeigt, dass ich etwas ganz Besonderes sein muss, obwohl ich mich doch so völlig normal fühle. Wer mit einer deutlich erkennbaren Grenze lebt, wird dieses Thema zeitlebens nicht los. Menschen sprechen mich an, Situationen werden zu Grenzerfahrungen.

Doch das Bewusstsein der eigenen Grenze ist nicht immer und überall gleich. Eine Behinderung kann völlig in den Hintergrund treten, wo Menschen sie gewohnt sind. Vor Jahren, als ich noch in Heidelberg studierte, brachten mich meine WG-Mitbewohner zum Bahnhof, da ich auf dem Weg zur Europameisterschaft nach Stockholm war. Als sie vom Bahnhof zurückkehrten, fand Antje eine Blockflöte im Kofferraum ihres Autos. Sie musste unter meinem Gepäck gelegen haben. Entsetzt rief sie aus: »Rainer hat seine Blockflöte vergessen!« Zögernd fingen die anderen an zu lachen. Da fiel es ihr wieder ein: »Ähm, er kann ja gar nicht Flöte spielen.« Nicht ich hatte meine Flöte vergessen, sondern sie hatte meine Behinderung vergessen, denn natürlich beherrsche ich ohne Finger keine Flöte. Durch den alltäglichen Umgang mit mir trat die Behinderung gänzlich zurück. Mit einer außergewöhnlichen Grenze können besondere Lebenserfahrungen und Lebensgefühle verbunden sein. Doch mehr oder weniger kennen wir alle solche Gefühle. Vielleicht erwerben Menschen mit außergewöhnlichen Grenzen gar eine höhere Kompetenz im Umgang und in der Bewältigung dieser Lebensgefühle.

Wie gehe ich mit der Rolle um, behindert zu sein?

Für mich ist Behinderung vor allem ein soziales Phänomen. Mit der außergewöhnlichen Begrenzung wird oft eine soziale Rolle verbunden. Fremde tragen ihr Bild eines »Behinderten« an andere heran. Die einen glauben, dass stotternde Menschen dumm sind. Andere degradieren einen »Behinderten« zu einem unselbstständigen Hilfeempfänger. Wieder andere sprechen Ohnhänder wie Kinder an: Verkäuferin in Buchhandlung: »Na, was kann ich denn für dich tun?« Selbst gut gemeinte, aber ungefragte Hilfe kann zum Ausdruck bringen, dass ich mein Gegenüber nicht als gleichwertig erachte. Menschen mit einer offensichtlichen Einschränkung stehen in der Gefahr, in einer minderwertigen Rolle gesehen zu werden. Sie werden in einem Licht gesehen, in dem sie nicht gesehen werden möchten. Fremdwahrnehmung und Eigenwahrnehmung fallen auseinander.

Wo immer Bilder und Vorstellungen an einen Menschen herangetragen werden, die er für sich als unpassend empfindet, kommt es zu Konflikten. Für die Betroffenen entsteht die Frage: Wie verhalte ich mich zu dieser Rollenzuweisung? Wie gehe ich damit um, wenn mir jemand Geld zustecken will? Was sage ich dem, der mich für hilflos hält? Wie verhalte ich mich, wenn jemand in mir »nur einen Behinderten« sieht? Grundsätzlich sehe ich zwei Möglichkeiten sich zu verhalten. Entweder ich lehne die Vorstellungen ab, die andere über mich haben, oder ich akzeptiere sie.

Ich wehre mich

Wie kann ich mich gegen eine Rollenzuweisung wehren, die ich für mich ablehne, weil ich sie als unpassend empfinde?

Sachlich die Rollen klären

Bei einer Tagung ist es mir passiert, dass alle Teilnehmenden ein Formblatt ausgehändigt bekamen, nur ich nicht. Die nette Dame meinte es für mich ausfüllen zu müssen. Freundlich aber bestimmt verlangte ich das Blatt: »Geben Sie mir das Formular ruhig her, ich kann es gerne für Sie ausfüllen.« Deutlich teilte ich ihr mit, die Annahme, ich könne nicht schreiben, sei falsch. Vielleicht denken Sie gerade, der Frau kann man doch nun wirklich keinen Vorwurf machen, vermutlich hätte ich ebenso selbstverständlich das Formular für einen Menschen ohne Hände ausgefüllt. Ich werfe ihr das Verhalten auch gar nicht vor. Ich bin sogar überzeugt, es entspringt ihrem lobenswerten Willen, zuvorkommend zu sein und einen guten Service zu bieten. Allerdings habe ich einen anderen Willen (ein anderes Rollenverständnis). Ich bin zu stolz, um mich unnötigerweise bedienen zu lassen. Ich möchte selber schreiben. Damit präsentiere ich mich nämlich als selbstständiger und selbstbewusster Mensch.

Die erste Handlungsmöglichkeit sehe ich wie folgt: Ich weiß, dass mir die zugewiesene Rolle nicht passt, und ich habe das Selbstvertrauen und die nötige Freundlichkeit, dieses dem anderen klar und freundlich zu sagen.

Eine andere Rolle ins Spiel bringen

Kein Mensch lebt nur in einer Rolle. Ein Finanzbeamter kann zugleich Zirkusclown, Drachenflieger, Familienvater und vieles mehr sein. Am Anfang mancher Vorträge stelle ich mich bewusst mit meinen verschiedenen Facetten vor. Ich bin behindert, Pfarrer, Leistungssportler, Single, … Bei jedem Begriff schwingen unterschiedliche Assoziationen mit. Von einem Pfarrer nimmt man vielleicht an, er sei bürgerlich-konservativ, moralisierend und gebildet. Hört man Leistungssportler, schwingen andere Dinge mit: willensstark, attraktiv, diszipliniert.

Will ich mich gegen das Image als »Behinderter« wehren, so kann ich das auch tun, indem ich meine anderen Rollen ins Gespräch bringe. Mache ich als Pfarrer Geburtstagsbesuche, so treffe ich auf Menschen, die mir unbekannt sind. Öffnet sich die Türe, blicke ich schon mal in erstaunte Augen und kann förmlich die Gedanken meines Gegenübers lesen: »Wer ist das denn? Wieder eine Sammlung von einer Behindertenwerkstatt?« Ich stelle mich dann schnell als Pfarrer vor und nenne mein Anliegen. Und damit mein Gegenüber noch ein wenig Zeit zum Schauen bekommt, mache ich das mit ausführlichen Worten. Ich biete damit meinem Gegenüber die Gelegenheit, möglichst sein Verhalten auf die von mir vorgegebene Rolle anzupassen. Die Rolle als Pfarrer bewirkt, dass die mögliche Rolle »Behinderter« nicht unser Gespräch bestimmt. In welcher Rolle ich wahrgenommen werde, kann ich aktiv beeinflussen.

Ich nehme übrigens bei mir unbekannten Menschen

kaum meine Pfarrerrolle in Anspruch. Wenn ich jemanden kennen lerne, versuche ich diesen mit Humor und Schlagfertigkeit zu beeindrucken. Und auf Tagungen erscheine ich selbstverständlich im Anzug, damit niemand glaubt, ich sei aus einem Heim ausgebüchst und habe mich verlaufen. Kleider machen Leute.

Die zweite Handlungsmöglichkeit sehe ich wie folgt: Ich verhindere, dass andere in mir einen »Behinderten« sehen, indem ich mich in einer anderen Rolle präsentiere. Richtig erfolgreich ist diese Methode, wenn die andere Rolle so stark besetzt ist wie die eines Pfarrers (von dem glaubt keiner, dass er unselbstständig, dumm oder arm ist).

»Für Ihre Hilfe habe ich gerade keine Zeit.«

Es gibt noch andere Formen, sich gegen unerwünschte Vorstellungen zur Wehr zu setzen. Manche werden es mit aggressivem Protest versuchen. Denken Sie an meine Freundin damals auf der Fähre. Bei Protestkundgebungen wird mit bissigen Kommentaren eingefordert: Niemand darf wegen seiner Behinderung diskriminiert werden. Manchmal braucht es den lauten und aggressiven Protest gegen falsche Vorstellungen in verbohrten Köpfen. Je stärker ich durch andere verletzt wurde, desto eher werden Wut und Aggression die Mittel meiner Gegenwehr sein.

Ich persönlich mag auch das Mittel des Humors und der Ironie, um mein Gegenüber »zurechtzuweisen«. Zwei meiner Lieblingssprüche: Wenn mir jemand ungebeten hilft, dann könnte ihn dieser Spruch treffen: »Danke, es geht auch ohne

Ihre Hilfe schon schlecht genug.« Oder der Spruch aus der Überschrift: »Für Ihre Hilfe habe ich gerade keine Zeit.« Ich hoffe dann immer, der andere hört deutlich die Kritik und ist zugleich über den Spruch amüsiert. Nach einem Streit mit meiner Freundin – ich fand, sie stelle sich an wie eine Prinzessin – sagte ich ihr: »Ich kann Frauen nicht ausstehen, die auf Händen getragen werden wollen.«

Die dritte Handlungsmöglichkeit sehe ich wie folgt: Ich bin innerlich zornig über die Rollenzuweisung und reagiere aggressiv und kämpferisch. Ist der Zorn nicht ganz so groß, tut es auch bissige Ironie.

Was brauche ich, um mich zu wehren?

Immer wieder habe ich angedeutet, welche Voraussetzungen Menschen haben müssen, damit sie sich überhaupt gegen eine Rollenzuweisung auflehnen. Ich will es noch einmal auf den Punkt bringen.

Zunächst einmal brauche ich die Überzeugung, dass es nicht richtig ist, so behandelt zu werden. Ich muss innerlich spüren, dass mir die angetragene (übergestülpte Rolle) zuwider ist. Wer es gewohnt ist, ein »Behinderter« zu sein, der wird schweigen. Damit verbunden sind ein gesundes Selbstvertrauen und der Mut, sich zu wehren. Schließlich gehe ich mit meiner Gegenwehr ja auf Konfrontationskurs und für Konflikte braucht man Kraft. Ich persönlich erachte eine Portion Freundlichkeit für nützlich. Ein Lächeln verbessert die Beziehung zum Gegenüber. Es ist dann leichter, ihn umzustimmen.

Ich mache mir die Rolle
des Behinderten zu eigen

Wer über die gerade aufgezählten Dinge nicht verfügt, der wird sich wohl mit seiner zugewiesenen Rolle arrangieren müssen.

»Ich habe mich daran gewöhnt«

Bilder und Vorstellungen, die andere von mir in sich tragen, haben die Kraft Wirklichkeit zu werden. Ich muss einem Mädchen nur immer und immer wieder erzählen, dass es »meine kleine Prinzessin« ist, und es wird eine Prinzessin werden. Manche Menschen mit außergewöhnlichen Grenzen werden von Kindesbeinen in die Rolle eines abhängigen, bemitleidenswerten Geschöpfes gedrängt. Eltern mit behinderten Kindern stehen in der Gefahr, ihr Kind zu einem »Behinderten« zu erziehen. Natürlich nicht aus bösem Willen, eher weil sie es zu gut mit dem Kind meinen. Sie wollen es möglichst vor allen Erschwernissen des Lebens beschützen: »Sie hat es sowieso schon so schwer, da wollen wir ihr das wenigstens abnehmen.«

Doch der Effekt ist, das Kind gewöhnt sich an die Sonderrolle. Es zieht sich die Rolle an, wie ein Kleid, das bequem ist und schön warm. Statt selbst die Milchtüte aufzuschneiden, ruft es nach der Mutter (falls die nicht schon vorher das Problem erkannt hat und bereits mit der Schere gelaufen kommt). Man kann sich daran gewöhnen, hilflos zu sein. Doch es ist wie im Sport. Wer seine Beinmuskulatur ständig schont, dessen Muskulatur erschlafft. Wer immer wieder übt, dessen Beine sind gut in Schuss. Kinder mit besonderen Grenzen bedürfen ebenso täglicher Herausforderungen wie alle anderen. Schon früh sollten sie lernen (dürfen), Probleme anzugehen und Lösungen zu finden. Schon früh sollten sie ihren eigenen Willen äußern (dürfen). Schon früh sollten sie Selbstvertrauen und Stärke entwickeln (dürfen).

Behindertsein hat Vorteile

Diesen Effekt des Sich-daran-Gewöhnens kennen auch Institutionen und Einrichtungen aller Art. Wer ein halbes Jahr im Krankenhaus war und dort Vollzeitverpflegung erhielt, der wird sich nach der Entlassung unter Umständen schwertun, wieder täglich zu kochen. Psychisch Kranke können sich so sehr daran gewöhnen, dass während des Klinikaufenthaltes alles für sie erledigt wurde, dass sie nach erfolgreicher Therapie nicht mehr in den Alltag zurückwollen. Denn die Rolle als Kranker, als Behinderter, sie hat auch ein paar Vorteile. Am Ende dieses Kapitels möchte ich daher über ein Phänomen schreiben, bei dem sich andere nur den Mund verbrennen können, weil sie sofort in der Gefahr stehen, jemanden zu diskriminieren.

Besondere Grenzen zu haben, hat auch Vorteile!

Ein Beispiel: Ohne langes Brotmesser kann ich kein Brötchen aufschneiden. Frühstücke ich in einem Hotel, so bitte ich die Bedienung, dies für mich zu tun. Mein Hilfeersuchen kann nun signalisieren, dass ich auch all die anderen Sachen nicht alleine bewerkstelligen kann. Wenn ich der Bedienung nicht Einhalt gebiete, kann ich mich von vorne bis hinten bedienen lassen. Ich muss nur so tun, als sei ich hilflos, dann bekomme ich Hilfe. Ob ich es einmal versuchen sollte, mich füttern zu lassen? Man kann die eigene Einschränkung auch benutzen, um sich auf ihr auszuruhen.

Um nun aber nicht den Eindruck aufkommen zu lassen, viele besonders begrenzte Menschen seien Sozialschmarotzer und nützten ihre Beschwernisse schamlos aus, sei Folgendes angemerkt: Es ist alles in allem kein schönes Gefühl eine Sonderbehandlung zu erfahren. Mir erscheint es leichter, jemandem zu helfen, statt mir helfen zu lassen. Ich habe schon stundenlang in einer Warteschlange angestanden, obwohl ich auf Grund meiner Beinprothese das Recht eingeräumt bekommen hätte, sofort eingelassen zu werden. Es ist mir aber peinlich an der Schlange vorbeizugehen, meinen Behindertenausweis zu zeigen und dann eine »bevorzugte« Behandlung zu erfahren. Da nehme ich zuweilen lieber die Wartezeit in Kauf.

Behinderung verliert ihren Schrecken

Behinderungen sind eine von vielen Grenzen, mit denen Menschen leben müssen. Manchen gelingt ein guter Umgang mit den eigenen Einschränkungen, andere verzweifeln an ihnen. Schon mehrfach habe ich in diesem Buch angedeutet, was ein Mensch (mit besonderer Einschränkung) braucht, um ein erfülltes Leben zu führen. Ich will es hier noch einmal zusammenfassen.

Wer wie ich mit einem besonderen Körper geboren wird, der braucht zuallererst tolle Eltern. Eltern, die gewillt sind, mit den kommenden Schwierigkeiten fertig zu werden. Eltern, die dieses besondere Kind lieben. Eltern, die sich um dieses Kind kümmern wie um jedes andere auch. Also weder vernachlässigen, noch verhätscheln. Alle Kinder müssen ein gesundes Selbstvertrauen entwickeln. Dazu müssen sie erleben, dass sie etwas leisten können. Sie brauchen Menschen, die ihnen was zutrauen. Sie brauchen das Gefühl, normal zu sein. Und mit und mit brauchen sie die Freiheit, eigene Entscheidungen treffen zu dürfen. So lernen Menschen ein positives Selbstbild von sich zu haben.

Neben den Eltern braucht jeder Mensch andere Bezugspersonen. Ich glaube ja, dass der Mensch zuallererst ein soziales Wesen ist. Unser Glück und Unglück entscheidet sich überwiegend an den Beziehungen, in denen wir leben. In ihnen erfahren wir das größte Glück und das tiefste Unglück. Gute Beziehungen sind viel wichtiger als Unversehrtheit.

Behinderungen werden vor allem dann zum Schrecken,

wenn sie zum Anlass genommen werden, den Betreffenden auszugrenzen. Dann wird man erst so richtig behindert und fühlt sich auch so. Ausgrenzungen sind Kränkungen, Beziehungsstörungen. In einer aufgeklärten Gesellschaft sollten Menschen aller Art selbstverständlich sein. Da sollte das Bewusstsein herrschen: Jeder ist anders, das ist normal. Je vielfältiger die Menschen, desto normaler ist jeder Einzelne.

Ebenso brauchen wir alle gute Hilfsmittel. Schuhe, die nicht drücken, und Beinprothesen, die bequem sind. Mit angepassten Hilfsmitteln können wir unsere Möglichkeiten erweitern. Je besser ein Umfeld auf einen Menschen angepasst ist, desto leichter lebt es sich.

Erfüllt ist mein Leben auch, weil ich Aufgaben habe, wie etwa eine Arbeitsstelle, die mich fordert, oder ehrenamtliches Engagement im Behindertensportverband. Es ist ein gutes Gefühl, etwas leisten zu können.

Schließlich hat Behinderung für mich ihren Schrecken verloren, weil ich das Leben mit den vielen Momenten des Glücks genieße. Meine Einstellung zum Leben ist durch meine Behinderung anders als bei vielen anderen. Ich konzentriere mich nicht auf das, was mir nicht möglich ist, sondern auf das, was geht: Ich singe gerne, spiele mit Freunden Doppelkopf, tobe mich beim Tischtennistraining aus, habe schon so viele Länder dieser Erde gesehen. Für mich sind all diese Dinge nicht selbstverständlich. Ich habe mich noch Jahre nach Erhalt meines Führerscheins über meine Mobilität gefreut. Und bei der Tischtennis-WM in Taipeh habe ich alles von den Abendbuffets probiert, was ich nicht kannte. Jeder exotische Geschmack lohnte die Reise. Das Leben ist ein Geschenk. Vielleicht gerade wegen meiner starken Einschränkungen bin ich glücklich über meine Fähigkeiten und genieße das Leben.

Ja, Sie haben richtig gelesen: »Vielleicht gerade wegen meiner starken Einschränkungen bin ich glücklich.« Neben der Dankbarkeit für meine Möglichkeiten hat meine Einschränkung noch andere positive Seiten. Als Jugendlicher habe ich früher als andere gemerkt, dass ich mit gutem Aussehen alleine niemanden beeindrucken kann. Konnten andere sich auf ihre Schönheit und Ausstrahlungskraft verlassen, etwa wenn sie neu in eine Gruppe kamen, so habe ich versucht durch Witz und Charme aufzufallen. Ich habe versucht, mich selbst, mein Wesen ins Spiel zu bringen und so von meiner Behinderung abzulenken. Schon früh wurde mir daher klar, das wirklich Wichtige an mir ist nicht mein Erscheinungsbild, sondern meine Persönlichkeit. Behinderung lehrt anders leben.

Ein Zweites habe ich durch meine Behinderung gelernt. Immer wieder begegnen mir Menschen, die in mir nur einen Behinderten sehen. Dann bin ich gefragt, mich so zu präsentieren, dass mein Gegenüber spürt, mit welchem Selbstverständnis ich lebe. Ich habe gelernt, wenn ich nicht selber sage, wie ich behandelt werden möchte und was ich will, dann entscheiden andere das für mich. Viele Menschen mit Behinderung verstehen es, sich zu behaupten. Die Krise kann zur Chance werden.

Für mich steht fest, erfülltes Leben, fröhliches Lachen, Sinn und Glück: es ist auch mit einer Behinderung zu finden.

Behinderung und an Gott glauben

Das sollten Sie wissen

Die Zeit, in der ich am meisten unter meinen Einschränkungen litt, waren meine Jugendjahre. Damals habe ich mir oft gewünscht, ich sei schön und stark wie die anderen Jungs. Ich empfand mich als defizitär. Immer wieder stellte ich mir die Frage: Warum bin ausgerechnet ich behindert? Warum ist mein Körper anders als der meines Bruders? Es war zugleich die Zeit des Anfangs meines bewussten Glaubens. Während in meiner Kindheit meine Behinderung noch gut mit meinem Vertrauen an den liebenden Gott zusammenpasste, so spürte ich jetzt eine Spannung. Warum lässt Gott es zu (oder will er es sogar?), dass Kinder ohne Arme geboren werden? An ein Lied von Jürgen Werth (»Vergiss es nie«) erinnere ich mich genau. Im Refrain heißt es: »Du bist gewollt, kein Kind des Zufalls, keine Laune der Natur ... Du bist ein Gedanke Gottes, ein genialer noch dazu.« Ein schönes Lied, fand ich, aber ich, ein Gedanke Gottes? Da hat er wohl Kopfschmerzen gehabt, als er mich erdacht hatte.

Meine persönliche Frage nach dem »Warum« wurde zur Glaubensfrage: Hat Gott tatsächlich seine Schöpfung fehlerhaft gemacht? Kann Gott mich »heilen«? Will Gott mich überhaupt von meiner Behinderung befreien, oder bin ich so, wie ich bin, von Gott gewollt und also gut?

In diesem zweiten Teil meines Buches erzähle ich Ihnen, wie ich meine persönliche Wahrheit »lieber Arm ab als arm dran« mit meinem Glauben vereinbaren kann. Mehr noch, mein Glaube hat mir geholfen, einen guten Umgang mit meiner Behinderung zu lernen. Als Kind habe ich bereits gespürt, dass meine Behinderung nicht meinen Glauben an einen gütigen Gott widerlegt. Als Theologe habe ich die Argumente erfahren, wie ich beides zusammen denken kann. Ja, ich fand in den biblischen Erzählungen eine Bestätigung für meine Sicht der Dinge. Daran möchte ich Sie nun teilhaben lassen. Übrigens schreibe ich diesen Teil nicht nur für Menschen, die meinen Glauben teilen. Ich versuche weitgehend fromme Sprache wegzulassen und hoffe, Ihnen das Aufregende an den biblischen Geschichten und ihre Sicht der Dinge vermitteln zu können.

Die Unterscheidung von Heil und Heilung

Schon der Titel meines Buches macht deutlich: es gibt für mich keinen zwangsläufigen Zusammenhang von Behinderung und Unglück, von Unversehrtheit und Glück. Genauso sieht das die Bibel. Da gibt es Erzählungen von Menschen, die »arm dran« sind, obwohl sie gesund sind. Und Erzählungen von Menschen, die Hindernisse, ja Behinderungen haben, aber ein erfülltes Leben gefunden haben. So wie ich »Arm ab« und »arm dran« unterscheide, so unterscheidet die Bibel »Heil« und »Heilung«. Das bedeutet: »Heil kann sein, wo keine Heilung ist. Heilung kann sein, wo kein Heil ist.«[2] Mit dem Begriff Heilung ist Gesundheit und Unversehrtheit gemeint. Ist jemand nicht krank und nicht behindert im landläufigen Sinne, so ist er geheilt (auch wenn er/sie zuvor nicht krank war). Was genau mit Heil gemeint ist, ist schwer zu umschreiben. Der im Rollstuhl sitzende Theologe Ulrich Bach hat es als »das von Gott geschenkte irdische In-Ordnung-sein-mit-Gott«[3] umschrieben. Die Beziehung zwischen Gott und Mensch ist in Ordnung. Aber Heil hat nicht allein die Gottesbeziehung im Blick. Denn die Bibel sieht einen untrennbaren Zusammenhang zwischen Gottesbeziehung und Menschenbeziehungen. Wer sich von Gott geliebt und geachtet weiß, der ist frei und verpflichtet, andere zu lieben und zu achten. 1 Johannes 4,20: »Wenn jemand sagt: ›Ich liebe Gott‹, aber seinen Bruder hasst, ist er ein Lügner.« Gottesbeziehung und Menschenbeziehung gehören untrennbar zusammen. Jesus bringt es auf den Punkt in Matthäus 22,38–40: »Du sollst den Herrn, deinen Gott, lieben mit ganzem Herzen, mit ganzer Seele und mit all deinen Gedanken. Das ist das wichtigste und erste Gebot. Ebenso wichtig ist das zweite: Du sollst deinen Nächsten lie-

---

2 Michael Nüchtern: Die Kritik an der wissenschaftlichen Medizin und die Attraktivität der westlichen »alternativen« Heilmethoden. In: Conc (D), Heft 34/1998, S. 487–495, hier S. 495.
3 Ulrich Bach: Wie lange wollen wir noch fliehen? In: Diakonie Heft 19/1993, S. 390–397, hier S. 390.

ben wie dich selbst.« Heil ist da, wo Beziehungen in Ordnung sind.

Das Wort Heil gebrauche ich im Folgenden in einem dreifachen Sinne. Einerseits steht es für die Beziehung zu Gott, andererseits für die Beziehung zu Menschen. Schließlich meine ich mit Heil auch so etwas wie gelingendes Leben. Ein Mensch ist heil, wenn er sich überwiegend wohl fühlt in seiner Haut. Wenn jemand gerne lebt und von sich sagt, eher glücklich zu sein als unglücklich. Sie merken schon, ganz heil wird nach dieser Umschreibung niemand sein, weder ich noch andere.

Dass Heil und Heilung in der Welt der Bibel grundsätzlich zu unterscheiden sind, wird vielleicht am besten durch eine spannende Geschichte klar, in der es um Heil und Heilung geht; dazu später. Zuvor möchte ich den theologisch interessierten Lesern und Leserinnen die wichtigsten Bibelstellen an die Hand geben, die eine Trennung von Heil und Heilung belegen. Sollte Ihr Interesse daran nicht so groß sein, überspringen Sie einfach diesen Teil.

Die besten biblischen Argumente für die Unterscheidung

Im Folgenden nenne ich Ihnen einige zentrale Bibelstellen, um die Unterscheidung von Heil und Heilung zu belegen.

- Es gibt Theologen, die behaupten, Jesus hätte einen Verkündigungsauftrag *und* einen Heilungsauftrag. Oder es wird behautet, die Verkündigung des Heils beinhalte automatisch das Bewirken von Heilungen. Als Beleg für diese Annahme wird dann zumeist auf Lukas 7, 22 verwiesen. Die Jünger des Johannes kommen zu Jesus und wollen wissen, ob er der von Gott Gesandte ist. Jesus gibt zur Antwort: »Geht und berichtet Johannes, was ihr gesehen und gehört habt: Blinde sehen wieder, Lahme gehen, und Aussätzige werden rein; Taube hören, Tote stehen auf, und den Armen wird das Evangelium verkündet.« Was dabei übersehen wird, ist, dieser Text behauptet ausdrücklich, Jesus verweise auf die Heilungswunder, um dem Johannes zu zeigen, er sei der von Gott Gesandte. Das heißt: Die Heilungen sind (lediglich) Erkennungszeichen der Hoheit Jesu. Das Matthäusevangelium macht es ganz deutlich. In der Zeit seines Wirkens heilt Jesus und auch seine Jünger bekommen diese Vollmacht (Matthäus 9,35 + 10,1). Ob die in der Bibel beschriebenen Heilungen Wunder in dem Sinne sind, dass Naturgesetze durchbrochen werden, sei dahingestellt. Auf jeden Fall ist von einem Heilungsauftrag nach Jesu Tod und Auferweckung nicht mehr die Rede (Matthäus 28,18–20). Die Heilungen sind Hinweis auf Jesu Macht, aber sie sind nicht sein Hauptanliegen. Überhaupt erzählen die Evangelien relativ wenige Heilungen. Dagegen wimmelt es von Predigten Jesu. Sagte ich gerade, die Heilungen seinen lediglich Erkennungszeichen der Hoheit Jesu, so muss ich nun eine Ergänzung machen. Die Heilungstaten geschehen meistens aus Mitleid. Matthäus 9,36: »Als er die vielen Menschen sah, hatte er Mitleid mit ihnen«.

Hinweis auf seine Stärke und Mitleid, das sind die beiden Gründe für Heilungen. Die Last der Menschen berührt Jesus. Diesem Gefühl kann er sich schlecht entziehen. Aber manchmal tut er es.

· In Kapitel 1 des Markusevangeliums lesen wir, dass Jesus den Menschen das anbrechende Reich Gottes verkündet und er Menschen gesund macht. So etwas spricht sich herum, und so kommen die Leute aus den umliegenden Dörfern gelaufen und bringen Kranke und Besessene zu ihm. »Und er heilte viele, die an allen möglichen Krankheiten litten« (Markus 1,34), heißt es. Am nächsten Morgen sind weitere Kranke gekommen und so kommen die Jünger zu Jesus, der sich ins Gebet zurückgezogen hatte: »Alle suchen dich«, sagen sie. »Los, komm, es warten viele Kranke auf dich, du musst ihnen helfen«, wird ihr Anliegen gewesen sein. Doch Jesus weist seine Jünger und alle auf Heilung Wartenden zurück. Hier kann er sich dem Mitleidsgefühl entziehen. »Lasst uns anderswohin gehen, in die benachbarten Dörfer, damit ich auch dort predige; denn dazu bin ich gekommen« (Markus 1,38), ist seine Antwort. Jesus lässt die Kranken im Regen stehen. Wie enttäuscht müssen sie sein? Da ist jemand, der mir helfen kann, und er tut es nicht. Stattdessen geht er los und predigt. »Was ist denn wohl wichtiger, heilen oder predigen?«, mögen die Leute gefragt haben. Für Jesus offensichtlich seine Verkündigung: »Ich bin gekommen zu predigen.« Jesu zentrale Aufgabe ist die Verkündigung von Gottes Reich. Gott kommt den Menschen nahe. Gott und Mensch können in einer heilen Beziehung zueinander stehen. Einmal formuliert Jesus seine Aufgabe ganz deutlich: »Ich bin gekommen, um die Sünder zu rufen.« Mit Sündern sind übrigens nicht Menschen gemeint, die etwas Böses getan haben, sondern Menschen, die Gott nicht kennen. Verkündigen, nicht heilen ist Jesu wichtigstes Anliegen.

- Ein weiteres Indiz für die strikte Trennung von Heil und Heilung sind die Stellen, die Jesu Auftrag, seine Aufgabe programmatisch formulieren. Alle Evangelien nennen lediglich die Verkündigung der Nähe Gottes. Den Menschen Gottes Liebe und Nähe zusprechen, das ist Jesu Anliegen. Markus 1,14 + 15: »Nachdem man Johannes ins Gefängnis geworfen hatte, ging Jesus wieder nach Galiläa; er verkündete das Evangelium Gottes und sprach: Die Zeit ist erfüllt, das Reich Gottes ist nahe. Kehrt um, und glaubt an das Evangelium!« Oder Matthäus 4,17: »Von da an begann Jesus zu verkünden: Kehrt um! Denn das Himmelreich ist nahe.« Oder Lukas 4,14 + 15: »Jesus kehrte, erfüllt von der Kraft des Geistes, nach Galiläa zurück. Und die Kunde von ihm verbreitete sich in der ganzen Gegend. Er lehrte in den Synagogen und wurde von allen gepriesen.«

- Weiter Markus 1,39: »Und er zog durch ganz Galiläa, predigte in den Synagogen und trieb die Dämonen aus«. Übrigens bezeichnen Dämonenaustreibungen keine Heilungen, wie man denken könnte. Wenn es um Dämonen geht, liegt die Vorstellung zu Grunde, dass Menschen von bösen Mächten gefangen gehalten werden. Die Dämonen werden durch Heilsworte vertrieben, nicht durch Heilungen.

- Das Markusevangelium erzählt mehr Wunderheilungen von Jesus als die Evangelien von Matthäus und Lukas zusammen. Da müsste man doch meinen, wenigstens dieses Evangelium behaupte, Jesus sei gekommen, zu verkündigen und zu heilen. Weit gefehlt. Gerade der Evangelist Markus lässt keinen Zweifel daran, dass heilen nicht Jesu wichtigstes Anliegen ist.

- Schwer zu ertragen ist die Stelle Matthäus 18,9: »Und wenn dich dein Auge zum Abfall verführt, reiß es aus und wirf's von dir. Es ist besser für dich, dass du einäugig zum Leben eingehst, als dass du zwei Augen hast und wirst in das höllische Feuer geworfen.« Drastischer kann man es kaum sagen. Es ist besser, einäugig heil zu leben, als mit beiden Augen (also geheilt) am Heil vorbeizugehen. Entsetzlich, dass dieser Gedanke des Matthäus in der Kirchengeschichte tatsächlich zu Selbstverstümmelungen geführt hat. Ich verstehe sein Grundanliegen so: Manchmal verhindert gerade ein gesunder und starker Körper, dass man ein erfülltes Leben findet. Es ist besser unvollkommen zu sein, dann entdeckt man leichter, worauf es im Leben ankommt. Lieber Arm ab als arm dran.

Ein Gelähmter: erst Heil, dann Heilung

Willkommen zurück all jenen, die den Bibelstellenteil übersprungen haben!

»Heil und Heilung sind für Gott zwei Paar Schuhe«, so konnten Sie lesen. Im Bibelstellenteil habe ich ergänzt: »Jesu zentrale Aufgabe ist die Verkündigung von Heil.« Dafür lässt er sogar Heilungssuchende im Regen stehen.

Dass für Gott Heilungen nur eine sehr untergeordnete Priorität haben und stattdessen Heil sein zentrales Anliegen für die Menschen ist, wurde mir erst während meines Studiums klar. Da stolperte ich über die aufregende und provokante Geschichte von dem Gelähmten, den Jesus zuerst nicht heilen will (nachzulesen in Markus 2,1 12). Sie ist zu einer meiner Lieblingserzählungen geworden, deswegen erzähle ich sie Ihnen hier.

Jesus ist nach Kafarnaum gekommen, in den Ort, wo schon so viele von seinen Heilungen gehört hatten. Er predigt. Das Haus ist brechend voll. Bis hinaus auf die Straße stehen die Menschen und lauschen seiner Botschaft. Da kommen vier Männer. Auf einer Trage schleppen sie einen Gelähmten. Wir erfahren nicht, wer diese Männer sind. Sind es Freunde oder Verwandte des Gelähmten? Vermutlich! Haben sie von Jesu Heilungskräften gehört oder von seiner Botschaft? Kommen sie mit der Hoffnung, ihr Freund werde bald wieder gehen können? Auf jeden Fall sind es Männer der Tat. Sie handeln für ihren Freund. Doch die Menschenmenge versperrt ihnen den Weg. Und deswegen gehen sie an der Außentreppe des orientalischen Hauses hoch, decken das Dach ab und durchschlagen die Lehmdecke. Sie gehen ein ganz schönes Risiko ein. Wird der Hausbesitzer ihnen nun seinerseits aufs Dachs steigen, schimpfen und von ihnen die Reparatur verlangen? Markus erzählt davon nichts. Das scheint ihm unwichtig zu sein. Wichtig ist, was jetzt geschieht. Lebhaft kann ich mir die Situation vorstellen. Jesus und alle anderen schauen nach oben. Schnell wird das Loch in der Decke größer. Da wird eine Trage, vielleicht an Seilen, durch das Loch gelassen. Die Menschen gehen zur Seite. Und nun liegt er da, der Gelähmte. Niemand sagt ein Wort. Kein Wunsch des Gelähmten, keine Aufforderung der Träger. Jedem ist klar, warum der Mann hier liegt. Alle Augen sind auf Jesus gerichtet. Wird er den Gelähmten aufstehen lassen? Wird er ein Wunder vollbringen?

Doch Jesus – er hat anderes im Sinn. Er denkt nach. Denkt nach über die vier auf dem Dach, über das, was sie riskiert haben – welch Einsatz für den Nächsten. Das beeindruckt Jesus. »Als Jesus ihren Glauben sah«, heißt es. Es ist der Glaube der vier, der Jesus verwundert. Der Glaube, der sie in Bewegung gesetzt hat. Der Glaube, der für einen anderen Sorge trägt. Vielleicht sollten wir eher von Einsatz oder Engagement reden, von Wille oder Freundschaft. Vielleicht auch von Vertrauen, denn offensichtlich riskieren die vier etwas, in dem Vertrauen, dass Jesus helfen kann.

Und nun wendet sich Jesus dem Liegenden selbst zu. Jetzt wird er wohl wieder unnachahmliche Worte sprechen. Was wird er sagen? Vielleicht »Los, steh auf, nimm dein Bett und geh!«, oder »Du hast lange genug gelitten, sei frei, du sollst wieder gehen können.« Einen solchen Satz würde ich mir wünschen. Doch … Jesus sagt das Unerwartete: »Mein Sohn, deine Sünden sind dir vergeben!« Ich möchte protestieren: »Hallo, Jesus, aufwachen! Vor dir ist ein Gelähmter! Was heißt hier Sündenvergebung? Der will laufen können! Der ist doch nicht wegen seiner Sünden, seiner Gottlosigkeit hier.« Mag sein, die Freunde und der Gelähmte hatten anderes erhofft. Der Text erzählt nicht ausdrücklich, weswegen sie gekommen sind. Wir können ihre Erwartungshaltung nur vermuten. Dagegen hören wir ausdrücklich, was Jesus für das Wichtigste hält: »Mein Sohn, deine Sünden sind dir vergeben!« Gott ist nicht böse auf dich. Du stehst unter keinem Fluch, im Gegenteil: Gott ist auf deiner Seite. Seine Liebe gilt dir. Wie ein Vater zu seinem Sohn, so ist Gott zu dir. »Mein Sohn, deine Sünden sind dir vergeben!« Das Wort »Sünde« kommt übrigens von dem niederdeutschen Wort »Sund« = Graben, Abgrund, Trennung. Jesus überwindet mit seiner Vergebung den Graben zwischen Gott und Mensch. Er heilt eine Beziehung.

Jesus enttäuscht alle Hoffnungen auf eine Heilung. Er setzt ein neues Thema, sein Thema: Heil! Heile Beziehungen. Er hat keine Augen für das körperliche Gebrechen, sondern er staunt über den Glauben der vier, über ihre Freundschaft, über die heile Beziehung zwischen den Menschen. Und er heilt die Beziehung des Gelähmten zu Gott. Doch sein Thema stößt auf Unmut. Einen heilenden Jesus hätten sie besser ertragen können als einen versöhnenden. »Wie kann dieser Mensch so reden? Er lästert Gott. Wer kann Sünden vergeben außer dem einen Gott?«, denken die Schriftgelehrten. Die, die sich gut in Glaubensfragen auskennen, werfen Jesus Anmaßung vor: Nur Gott selbst kann die Trennung von Gott und Mensch überwinden. Jesus nimmt den Unmut wahr, der da im Raum schwebt, und er fordert die Menschen heraus: Ist es leichter, zu dem Gelähmten zu sagen: Deine Sünden sind dir vergeben!, oder zu sagen: Steh auf, nimm deine Tragbahre, und geh umher?

Ja, was ist leichter? Einen Körper zu heilen oder eine Beziehung zu heilen? Nun gut, die körperliche Heilung kann man sehen, beweisen – die geheilte Gottesbeziehung nicht. Aber offensichtlich ist für Jesus die Beziehungsheilung schwieriger. Schwieriger und wichtiger. Denn, wie wir gleich erfahren werden, hat Jesus auch die Kraft, den Körper zu heilen. »Damit ihr aber wisst, dass der Menschensohn Vollmacht hat, Sünden zu vergeben auf Erden«, sprach er zu dem Gelähmten: »Ich sage dir, steh auf, nimm dein Bett und geh heim!« (Lutherübersetzung) Rums, das sitzt! Eine Ohrfeige für die Frommen und Gelehrten: »Euch werde ich's zeigen. Ich bin es, der Menschen wieder in eine Beziehung zu Gott bringen kann.« Die Heilung des Gelähmten geschieht in dieser Geschichte nur aus einem einzigen Grund: Jesus demonstriert seine Macht, um seinen Gegnern das Maul zu stopfen. Er zeigt es ihnen – im wahrsten Sinne des Wortes. Hätten die Gegner nicht angefangen zu murren, so ist zu vermuten, dass er den Gelähmten ohne Heilung wieder nach Hause geschickt hätte. Für Jesus war das Wichtigste mit der Beziehungsheilung geschehen.

Nun mag sein, in Ihnen regt sich Protest. In mir auch. Das ist aber nicht die Barmherzigkeit, die wir von Jesus kennen. Dieses Handeln passt so gar nicht in unser Bild von Jesus, den sonst das Leid der Menschen bewegt, der sonst so barmherzig handelt. Sie haben Recht. Es gibt viele Erzählungen, in denen Jesus aus Mitleid handelt. »Mitleid haben« ist hier aber nicht das erste Thema. Sondern hier wird zweierlei auf drastische Weise klargemacht. Erstens: Heil und Heilung sind zu unterscheiden. Beide sind hier strikt voneinander getrennt. Sie geschehen in zwei unterschiedlichen Handlungen. Und zweitens: Heil ist wichtiger als Heilung. Jesus ist gekommen, die frohe Botschaft von der Nähe Gottes zu verkündigen. Das ist sein primäres Anliegen. Er bewertet ein Leben nicht zuerst danach, ob der Mensch einen unversehrten, heilen Körper hat, sondern ob er in heilen Beziehungen lebt. In einer heilen Gottesbeziehung und in heilen Menschenbeziehungen.

Die Geschichte endet mit Standing Ovations. Die Leute sind begeistert. »Da gerieten alle außer sich; sie priesen Gott und sagten: So etwas haben wir noch nie gesehen.« Nun, da Jesus das Wunder vollbracht hat, sind alle voll des Lobes. Sünden vergeben, eine Beziehung heilen, was ist das schon? Man sieht nichts, man kann es nicht beweisen. Eine Wunderheilung aber, das ist was! Wenn wir Gott ein Wunder vollbringen sähen, dann würden wir auch jubeln. Das wäre ein Gott, wie wir ihn haben wollen, da applaudieren wir. Nur – für Jesus ist das Eigentliche, das Wichtige bereits vorher geschehen.

Ich empfand und empfinde die Geschichte als befreiend. Auch mit einer Behinderung kann man ein heiles Leben führen. Was mir aus meinem eigenen Erleben heraus klar war, nämlich, dass es wichtiger ist in geheilten Beziehungen zu leben als in einem geheilten Körper, das hat sich für mich in der biblischen Unterscheidung von Heil und Heilung bewahrheitet. Gilt für mich »Lieber Arm ab als arm dran«, so meint Jesus für den Gelähmten: »Lieber von Freunden und Gott getragen als alleine gehen«. Ich stimme Jesus zu, der meint: Heil ist wichtiger als Heilung.

Will Gott, dass es Menschen mit Behinderung gibt?

Nun unterscheide ich mich aber von dem Gelähmten in einem wesentlichen Punkt: Ihm wurde seine Behinderung genommen, mir nicht. Auch wenn mein Leben durchaus erfüllt ist und ich vielleicht glücklicher bin als viele andere, so hätte ich doch gerne Heil und Heilung. Ich würde mir heile Beziehungen wünschen und das Glück, Arme zu haben. »Aber will das auch Gott?«, so frage ich mich. »Was ist Gottes Wille? Geht es ihm alleine um heile Beziehungen? Sind körperliche Heilungen gänzlich unwichtig oder nur nachrangig wichtig für Gott?« Will er Heil und Heilung oder nur Heil? Für mich geht die Frage noch weiter. Wieso gibt es überhaupt Menschen mit Behinderung in Gottes guter Schöpfung? Hätte Gott diese Form des Leides nicht verhindern können? Oder will Gott sogar, dass es Menschen mit Behinderungen gibt?

Gott will, dass Menschen Grenzen haben

Vielleicht ahnen Sie meine Antwort auf die gerade gestellte Frage bereits. Im Kapitel »›Behinderung‹, was ist das? Versuch einer Definition« habe ich Ihnen meine Thesen vorgestellt: Ich lehne die Unterteilung der Menschen in Menschen mit und ohne Behinderung ab. Alle Menschen sind einerseits begrenzt und andererseits begabt. Es kommt darauf an, wie wir mit unseren Grenzen umgehen. Also behaupte ich jetzt: Ja, Gott will, dass es Menschen mit Behinderungen gibt, denn er will, dass es Menschen gibt. Alle Menschen haben Grenzen. Wer immer Gott vorwirft, dass es stark eingeschränkte Menschen gibt, der muss ihm auch vorwerfen, dass der Mensch prinzipiell begrenzt ist.

Sein wie Gott

Dieser Vorwurf ist in der Tat schon oft gegen Gott erhoben worden. Der deutsche Philosoph Gottfried Wilhelm Leibniz (1646 – 1716) spricht vom metaphysischen Übel und meint damit, dass der Mensch an seiner Endlichkeit leidet. Unser Leben ist befristet, unsere Gaben und Talente sind begrenzt, unser Wissen und unsere Macht sind eingeschränkt. Es ist ein Grundproblem des Menschen.

Es erscheint schon in der Geschichte von Adam und Eva (1 Mose 2 + 3). Gott und Mensch leben zusammen im Paradies. Beide sind gleichberechtigt, allerdings gibt es einen klitzekleinen Unterschied. Gott darf von allen Bäumen im Garten essen, Adam und Eva von allen, außer vom Baum der Erkenntnis. Doch statt sich über den Reichtum des Lebens zu freuen, statt von den Früchten aller Bäume zu naschen, fällt der Blick des Menschen auf den einen Baum, der eine Begrenzung darstellt. Die Schlange verspricht den Menschen: »Sobald ihr davon esst, gehen euch die Augen auf; ihr werdet wie Gott und erkennt Gut und Böse.« Was für eine Verlockung. Endlich nicht mehr diese unsägliche Grenze ertragen müssen, dass wir nicht grenzenlos sind. Sein wie Gott. Beide essen von den Früchten des Baumes, und in der Tat bestätigt Gott: »Der Mensch ist geworden wie wir, er erkennt Gut und Böse.« (1 Mose 3,22) Allerdings hat das dem Menschen kein Glück gebracht. Denn er ist zwar grenzenlos geworden, zugleich aber auch beziehungslos. Lebten Mensch und Gott anfangs in harmonischer Freundschaft zusammen (der Mensch vertraute Gott), so schmeißt Gott den Menschen nun aus dem Paradies (denn der Mensch misstraute Gott).

Fülle des Lebens oder frustrierende Grenze

Es ist ein Grundproblem des Menschen, sich nicht mit seinen Grenzen abfinden zu können. In der Theorie stellt das für mich das kleinste Problem dar. Die Begrenzungen des Menschen sind schließlich bedingt durch den Unterschied des Menschen zu Gott (dem Ewigen und überall Gegenwärtigen). Ein interessanter Hinweis noch. In der Geschichte um Adam und Eva wird der Mensch aus Erde gemacht. Hätten die beiden sich vor Augen gehalten, was sie durch Gottes Kraft geworden sind (von Erde zum Menschen), dann müssten sie jubeln über ihre Lebensmöglichkeit. Ihre Perspektive aber ist nicht die Freude über das Leben, sondern der Frust über ihre Einschränkung. Sie halten sich vor Augen, was ihnen Gott vorenthält. Sie greifen nach den Sternen, Verzeihung, nach den Früchten des Baumes. Statt zu jubeln, müssen sie unzufrieden sein. Hätten sie doch bloß den Reichtum ihres Lebens im Blick behalten, statt sich über die Begrenzung zu ärgern.

So wenig für mich, den Theologen, die prinzipielle Begrenztheit des Menschen ein theoretisches Problem ist, umso mehr kann die Begrenztheit im alltäglichen Leben zum zentralen Problem werden: Wir tun alles, um schöner, klüger, stärker zu werden. Wir jagen dem idealen Körpergewicht nach und stählen unseren Körper. Wir verzweifeln an unseren Unzulänglichkeiten. Wer die Möglichkeiten seines Lebens aus dem Blick verliert, der kann an seinen Grenzen verzweifeln. Menschen können krank werden an den Idealen unserer Zeit. Wissenschaftler träumen von der Verdoppelung unserer Lebenszeit (wobei noch zu klären wäre, ob das ein schöner Traum oder ein Albtraum wird). Die Unzufriedenheit mit dem eigenen, ach so begrenzten Sein, lässt manche hoffen, demnächst könne das Erbgut des Menschen verbessert werden. Es liegt im Wesen des Menschen, seine Grenzen zu erweitern, Visionen zu haben. Doch Visionen können auch zu krankmachenden Utopien werden. Lebensglück besteht auch darin, sich mit der eigenen Begrenzung abzufinden.

Mit Grenzen leben lernen

»Gott will, dass es Menschen mit Behinderungen gibt«, habe ich eben behauptet. Vielleicht sind Sie über den Gedanken erschrocken. Ich auch, als ich es wagte, ihn zum ersten Mal zu denken. Dass Gott den Menschen prinzipiell begrenzt hat, das ist für mich kein Problem, aber dass er manche, darunter mich, sogar stark begrenzt hat, das wäre nicht nötig gewesen. Doch dann kam mir folgender Gedanke: Was wäre, wenn es keine Menschen mit Behinderungen geben würde? Ich bin mir sicher, wir Menschen fänden andere Grenzen, die wir als unzumutbare Einschränkung erleben würden: Warum bin ich so hässlich oder warum kann der so gut Tischtennis spielen, würden wir klagen. Und wir würden andere Menschen als unnormal ausgrenzen: Dicke, Kleine, Rothaarige, wen auch immer. Das Problem ist nicht der Mensch in seiner Unterschiedlichkeit, sondern wie wir damit umgehen. Leiden an meiner individuellen Grenze und Diskriminierung wegen Andersseins, beides könnte nur bei völliger Identität aller Menschen ausgeschlossen werden. Alle Menschen sähen gleich aus. Wie langweilig wäre dann das Leben. Stattdessen mutet uns Gott zu, mit Grenzen zu leben, und wie ich später ausführe, er hilft uns mit den Grenzen ein erfülltes Leben zu finden.

Das Problem besteht meines Erachtens auch nicht darin, dass es so große Unterschiede gibt. Wo sollte denn Gott eine für uns Menschen akzeptable Grenze ziehen? Egal wo sie läge, wir könnten uns als zu begrenzt empfinden. Außerdem glaube ich, es kommt tatsächlich nicht auf die Grenze an sich an, ob wir unter ihr zu Grunde gehen, sondern auf viele andere Faktoren.

Schließlich gibt es viele Beispiele von Menschen, die trotz ihrer Einschränkung ein heiles Leben führen. Denken sie an meinen Bekannten, der durch einen Unfall erblindete, aber inzwischen im eigenen Haus mit Frau und Kind und festem Arbeitsplatz ein erfülltes Leben führt. Oder haben Sie gehört von dem französischen Journalisten Jean-Dominique Bauby? Er erlitt am 8.12.1995 im Alter von 43 Jahren einen Hirnschlag. Von diesem Tag an konnte er keinen Teil seines Körpers mehr bewegen (Locked-in-Syndrom). Allein sein Geist war hellwach, sein Innenleben quicklebendig. Er konnte nicht sprechen, ja nicht einmal schlucken. Für mich eine echte Horrorvorstellung. Nur mit seinem linken Auge konnte er zwinkern. So diktierte er das Buch: »Schmetterling und Taucherglocke«. Ein bewegendes Stück Literatur. Bauby schreibt mit bemerkenswertem Humor und ohne Resignation.

Viele Menschen staunen darüber, dass ich Lebensfreude und Lebensmut ausstrahle. Ich selbst wundere mich über andere Menschen, deren Schicksal ich mir schrecklich vorstelle. Mir scheint, uns Menschen wohnt eine unfassbare Lebenslust inne. Selbst extreme Behinderungen verhindern nicht Lebensfreude, wenn in unserem Leben ansonsten viel heil ist.

Hoffen auf ein Wunder?

Gott will, dass es Menschen mit Behinderungen gibt, habe ich nun bereits mehrfach erwähnt und begründet. Eine letzte Frage bleibt: Der Gelähmte wurde geheilt und sei es nur, um den Schriftgelehrten eine Lektion zu erteilen. In der Bibel finden sich einige weitere Wundergeschichten. Wenn sich nun Gott nicht stört an den Einschränkungen des Menschen, so stören wir uns doch daran. Viele Menschen sehnen sich danach und beten dafür, Gott möge sie, wie den Gelähmten, durch ein Wunder von ihrer Behinderung befreien. Ich selbst habe schon einige »Heilungsgottesdienste« erlebt. Ob ich »Heilungen« erlebt habe? Ich bin mir nicht sicher. Meine letzte Frage lautet: Soll ich auf ein Wunder hoffen?

Lassen Sie mich zuerst ausführen, was das mit einem Menschen macht, wenn er auf ein Wunder hofft, statt sich damit abzufinden, dass seine Behinderung bleibender Bestandteil seines Lebens ist. Danach möchte ich noch ein paar Gedanken über die Möglichkeit eines Wunders äußern.

Was bewirkt Wunderglaube?

Soll ich auf ein Wunder hoffen? Für mich selbst habe ich die Frage mit »Nein« entschieden. Das liegt sicher vor allem daran, dass ich unter meiner Behinderung nicht sonderlich leide. Wer seine Einschränkung als große Last erlebt, wird eher motiviert sein, auf ein Wunder zu hoffen. Was aber macht es mit einem Menschen, wenn man auf ein Wunder hofft?

- *Ich kann mich nicht mit meiner Behinderung abfinden.* Wer auf ein Wunder hofft, der wehrt sich innerlich dagegen, seine Behinderung als Lebenswirklichkeit anzuerkennen. Indem er hofft, diese Einschränkung werde vielleicht von ihm genommen, verpasst er die Chance, mit dieser Einschränkung leben zu lernen. Querschnittsgelähmte Unfallopfer wissen, was ich meine. Erst träumt man davon, dass die Nervenenden doch wieder zusammenwachsen und die Beine nicht dauerhaft gelähmt bleiben. Dann trauert man den Beinen nach. Und dann begreift man langsam: Das ist nun mein Leben. Erst durch diesen Prozess der Verarbeitung kann man die Erfahrung machen, dass das Leben auch im Rollstuhl noch lebenswert ist. Gibt man die Illusion nicht auf, so verhindert der Wunsch, wieder laufen zu können, dass man das Leben neu entdeckt. Und der Wunsch nimmt meine Kraft in Anspruch, die ich sonst für die aktive Gestaltung meines Lebens aufbringen könnte.

- *Ich konzentriere mich auf meine Grenze.* Wer auf ein Wunder hofft, der wird voraussichtlich auch dafür beten. Vielleicht nimmt man auch große Reisen in Kauf, um den Wunderheiler zu treffen. Die Einschränkung kann zum zentralen Thema des Lebens werden. Ständig kreisen die Gedanken darum. Man konzentriert sich auf das, was einem fehlt, statt auf das, was man an Möglichkeiten hat. »Entdecke die Möglichkeiten« kann ich da nur sagen.

Statt auf ein Wunder zu hoffen, wundere ich mich lieber darüber, welche wunderbaren Momente mein Leben trotz Behinderung hat.

Welche Wunder tut Gott?

Ich hoffe auch nicht auf ein Heilungswunder, weil ich starke Zweifel habe, ob Gott überhaupt Wunder tut, wie wir sie haben wollen.

• *Viele Heilungswunder entpuppen sich als Befreiungswunder.* Viele Menschen, die auf Heilungswunder hoffen, verweisen auf die Heilungswunder Jesu. Doch viele seiner Wundertaten entpuppen sich bei genauerem Hinsehen nicht als Durchbrechung der Naturgesetze. Nur ein Beispiel: In Markus 7,31–37 »heilt« Jesus einen Taubstummen. Doch der Mann ist kein Taubstummer, wie wir ihn uns vorstellen. Das griechische Wort kophos, welches Luther mit taub übersetzt hat, heißt eigentlich »stumpf« im Sinne von abgestumpft. Daher ist der Mann eher taub, wie ein Daumen, auf den sich jemand mit einem Hammer geschlagen hat, und nicht vollkommen gehörlos. Und das griechische mogi lalos heißt nicht stumm, sondern so viel wie »kaum lallen« oder »mit Mühe reden« oder auch »plappern«. Das ist die Geschichte eines Mannes, der in sich zurückgezogen lebt, abgestumpft für das Gerede der Leute und unwillig, etwas von sich preiszugeben. Jesus öffnet ihm den Himmel und die Ohren und die Zunge. Hier geschieht ein echtes Beziehungswunder.

• *Menschen brauchen verlässliche Naturgesetze, um planvoll zu handeln und Verantwortung zu haben.* Wer Wunderheilung sagt, meint damit, Gott durchbricht Naturgesetze. Ich frage aber, hat Gott nicht einen triftigen Grund die Naturgesetze nicht zu durchbrechen? Ist er vielleicht sogar der Garant für die Gesetzmäßigkeiten der Welt? Unsere Welt funktioniert nach Gesetzmäßigkeiten. Wir alle erfahren das täglich und wir verlassen uns auf diese Gesetze der Natur. Will ich abends eine Tomate essen, so zerschneide ich diese mit einem Küchenmesser. Ich weiß, die Stahlklinge ist hart und scharf. Ich verlasse mich darauf. Also kann ich die Folgen meiner Handlungen abschätzen. Es sind die Gesetzmäßigkeiten der Welt, die Planen und Handeln der Menschen ermöglichen. Und weil die Welt verlässlich funktioniert, sind wir Menschen für unsere Handlungen verantwortlich. Wenn ich das Messer nicht zum Tomate-Aufschneiden verwenden will, sondern um einen Menschen zu erstechen, dann ist nicht das Messer verantwortlich, weil es scharf ist. Ich bin verantwortlich, weil ich absehen konnte, es wird auch im Moment des Zustechens scharf und hart sein.

- *Die Welt – ein fortwährendes Wunder Gottes.*
Für mich ist Gottes Handeln nicht zuerst ein außergewöhnliches, übernatürliches Handeln. Würde bei einem Menschen ein gebrochener Wadenbeinknochen binnen einer Stunde zusammenwachsen, gingen wir wohl von einem Wunder aus. Ich frage mich aber: Warum ist das Zusammenwachsen von gebrochenen Wadenbeinknochen von vielen Menschen binnen 12 Wochen kein Wunder? Kinder jedenfalls wundern sich, wie das Bein wie von selbst wieder heil wird. Der »natürliche« Heilungsprozess ist kein Wunder für uns, weil wir auf Grund unserer Erfahrung dieses Verhalten von einem Knochen erwarten. Es ist normal! Was aber ist normal? Ist es normal, dass es einen blauen Planeten gibt, voll von vielfältigsten Lebensformen inmitten eines lebensfeindlichen Universums? Ist es normal, dass unser Organismus (Immunsystem) täglich zerstörerische Angriffe von Bakterien und

Viren abwehrt? Ist Gesundheit oder Krankheit unser Normalzustand? Ist Leben oder die Abwesenheit von Leben selbstverständlich? Wir sprechen meines Erachtens zu Recht vom »Wunder des Lebens«. Ich verstehe Gott als die ständige Lebenskraft dieser Welt.

• *Nur ein klitzekleines Wunder.* Ist es völlig unmöglich, dass Gott hier und da mal nicht nur gewöhnlich und verlässlich (Naturgesetze) am Werk ist, sondern außergewöhnlich und unberechenbar? Von solchen Erfahrungen zumindest wird uns in der Bibel berichtet. Das Volk Israel wird (wie) durch ein Wunder aus Ägypten gerettet. Jesus heilt und befreit (wie) durch ein Wunder Menschen von ihren Gebrechen. Ich lasse die Frage nach der Möglichkeit eines Wunders offen. Ich persönlich hoffe aber nicht auf ein Heilungswunder.

Gott wirkt durch Menschen und im Menschen

Gott beauftragt den Menschen, sowohl für diese Welt, wie auch für den Nächsten Sorge zu tragen. Wieder ist mir die Paradiesgeschichte (1. Mose 2–3) hilfreich. Adam[4] wird beauftragt den Garten zu bebauen und zu bewahren. Das Verhältnis zwischen Gott und Mensch ist damit geklärt:

4. Adam bedeutet »Mensch«. Der Name deutet an, es geht hier um den Menschen, also um alle Menschen. Aus dem Adam = Menschen wird dann in 1 Mose 2,21–23 Mann und Frau (hebräisch isch und ischa). Das will sagen: Die Menschheit (Adam) besteht aus Männern und Frauen und die sind aufs Engste miteinander verwandt (Vers 23 ist eine Verwandtschaftsformel).

Gott schenkt dem Menschen das Leben und die Welt zum Leben. Nun ist der Mensch dran, diese Welt zu gestalten. Es steht in seiner Macht, das Paradies zu erhalten. In seiner Macht steht es auch, Medizin zu entwickeln und Operationen durchzuführen. Es gehört sozusagen zum geschöpflichen Auftrag, Krankenhäuser zu bauen und Menschen zu heilen.

Gott wiederum ist derjenige, der den Menschen gestaltet, sprich verändert. Es ist wie in jeder Liebesbeziehung. Indem man bezogen ist auf einen anderen Menschen, verändert man sich. Ebenso wirkt Gott. Die Menschen sollen in einer Beziehung zu Gott stehen. Sie sollen im Sinne Gottes leben, Gott will sie zu Glaube (= Vertrauen), Liebe, Hoffnung befähigen (1 Kor 13,13). Die Bibel spricht davon, dass Menschen be-geist-ert werden. Sie empfangen den Geist Gottes, denn sie sind begeistert von Gott. Gott gibt dem Menschen Gestaltungsfähigkeit und will, dass diese in seinem Sinne (Geiste) benutzt wird.

Doch der Mensch will sein wie Gott und selber sagen, was gut und böse ist (denken Sie an den Baum der Erkenntnis). Das ist das Grundproblem Gottes: des Menschen Selbstsucht, die dazu führt, dass Beziehungen zerstört werden. Bezeichnenderweise verliert der Mensch das Paradies durch einen Akt des Misstrauens. Wo vorher vollkommenes Vertrauen herrschte (man begegnet sich nackt, also ungeschminkt und ohne Schutz), versteckt man sich nun voreinander. Die Ur-Geschichte des Menschen erzählt von Beziehungsbrüchen (Mensch kommt sich angesichts Gottes nackt vor, Mann herrscht über Frau). Das zentrale Problem Gottes mit dem Menschen ist nicht, dass dieser alt[5] und krank wird, sondern dass der Mensch selbst Feind seines Mitmenschen ist.

Daher predigt Jesus das Reich Gottes, das heißt die Versöhnung zwischen Gott und Mensch. Und er beauftragt seine Nachfolger damit, diesen Beziehungsfrieden weiterzugeben. Ich sehe Gottes Wirken vor allem darin, dass Menschen verändert werden. Um es pathetisch zu sagen: Es ist die Liebe, die den Menschen grundlegend verändert, und nicht das Heilungswunder.

»Lieber stottern als nichts zu sagen haben«: Mose

Gott will, dass es Menschen mit Behinderungen gibt! Zugleich bin ich überzeugt, er will nicht, dass Menschen an ihren Behinderungen und anderen Grenzen zu Grunde gehen. Ja, er hilft ihnen sogar, die eigenen Grenzen zu verarbeiten und einen gesunden Umgang mit ihnen zu gewinnen.

Es gibt die Geschichte eines Mannes in der Bibel, der sich auf Grund seiner Einschränkung richtiggehend behindert fühlt. In dieser Geschichte kommen alle meine bisherigen Gedanken gebündelt vor: Es geht um Heil und Heilung. Es

---

5. Dass Gott den Menschen aus dem Paradies vertreibt, damit dieser nicht auch noch unsterblich wird (1 Mose 3,22–24), ist keine Strafe Gottes, sondern ein Schutz. Die Strafrede Gottes endet in 3,19, danach erweist Gott dem Menschen Wohltaten (Kleidung und Sterblichkeit). Denn außerhalb des Paradieses (Lebensraum mit heilen Beziehungen) soll der Mensch nicht ewig existieren müssen.

geht um einen behinderten Mann, der sich auch behindert fühlt. Dieser Mann wird nicht durch ein Wunder geheilt, und doch geschieht ein Wunder. Das Wunder eines veränderten Lebens. Das Wunder, das Mose erlebt, ist für ihn vermutlich heilsamer, als es ein Heilungswunder wäre. Denn Mose erfährt eine Veränderung seiner selbst und nicht nur seiner Behinderung.

Zugleich zeigt die Geschichte beispielhaft, was ein Mensch braucht, um Schritt für Schritt zu lernen, mit seiner Behinderung positiv umzugehen. Lange Zeit werden Sie aber nichts von einer Behinderung lesen. Dieser Mann macht es wie ich mit meiner Beinbehinderung: so lange wie möglich die Behinderung verstecken.

Ich erzähle Ihnen die Geschichte von Mose, den Gott am brennenden Dornbusch beruft (2 Mose 3 + 4).

Mose hütet die Tiere seines Schwiegervaters. Er ist weit entfernt von allen Menschen. Dort in der Einsamkeit kommt Gott ihm nahe. Ein Busch brennt, ohne zu verbrennen. »Seltsam«, denkt sich Mose, »ein seltsames Schauspiel, ein Naturwunder«, und geht, um es sich anzusehen. Eine kleine Zwischennotiz: Zu Anfang heißt es »Der Engel des Herrn war im Dornbusch«, dann aber spricht Gott selbst aus dem Busch. Das ist wohl ein Hinweis darauf, dass Mose mit der Botschaft tatsächlich Gott selbst begegnet (Engel sind »personifizierte Botschaft«). So ist das nun mal, wir hören nur eine Botschaft und doch zeigt sich darin Gott selbst. Gott verändert den Menschen durch Worte. Mose geht also zum Busch. Da trifft ihn eine Stimme: »Mose, Mose!« Und als ob Stimmen aus einem brennenden, aber nicht verbrennenden Busch das

Natürlichste der Welt wären, antwortet Mose: »Hier bin ich!« Er stellt sich der Situation. Er tritt in den Dialog ein: »Komm nicht näher heran«, sagt Gott. »Leg deine Schuhe ab; denn der Ort, wo du stehst, ist heiliger Boden. Ich bin der Gott deines Vaters, der Gott Abrahams, der Gott Isaaks und der Gott Jakobs.« Gott stellt sich vor. Ich bin der Gott, von dem du schon so viel gehört hast. Der Gott deiner Väter, der Gott des Volkes Israels. Nun ist klar, mit wem Mose es zu tun hat. Und wenn Gott sich einem Menschen zuwendet, dann fackelt er nicht lange, sondern kommt zur Sache: »Ich habe das Elend meines Volkes in Ägypten gesehen, und ihre laute Klage über ihre Antreiber habe ich gehört. Ich kenne ihr Leid. Ich bin herabgestiegen, um sie der Hand der Ägypter zu entreißen und aus jenem Land hinaufzuführen in ein schönes, weites Land, in ein Land, in dem Milch und Honig fließen, ... Und jetzt geh! Ich sende dich zum Pharao. Führe mein Volk, die Israeliten, aus Ägypten heraus!« Mose erhält einen Auftrag. Klar und deutlich sagt Gott, was er von Mose will. Und so klar Gott spricht, so deutlich widerspricht Mose. Ich weiß nicht, wie Sie reagieren würden, wenn Gott sich Ihnen zeigen würde, ehrfürchtig oder skeptisch? Mose jedenfalls widerspricht: »Wer bin ich, dass ich zum Pharao gehen und die Israeliten aus Ägypten herausführen könnte?« »Wer bin ich?«, fragt Mose, und seine Frage ist begründet. Er ist ein Schaf- und Ziegenhirte. Er war aus Ägypten geflohen, nachdem er einen Ägypter erschlagen hatte. Ja, wer ist er denn schon, dass er zum Pharao, zu einem der mächtigsten Männer der damaligen Zeit gehen könnte? Da kriegen mich keine zehn Pferde hin, wird sich Mose gedacht haben. »Wer bin ich«, sagt aus, welches Selbstbewusstsein Mose hat: Ich bin ein kleines Licht, unwürdig für diesen großen Auftrag. Da hat sich Gott den Falschen ausgesucht. Moses erster Einwand lautet: Ich bin gering! Es ist ein behindertes Selbstbild: Ich bin klein, unwürdig, unfähig.

Gottes Antwort erfolgt umgehend: »Ich bin mit dir; ich habe dich gesandt.« Seltsame Antwort. Ich hätte etwas anderes zu Mose gesagt: »Nein, Mose, du bist gar nicht so unfähig, wie du glaubst. Du schaffst das schon, Kopf hoch, nur Mut.« Doch ob meine Antwort hilfreich gewesen wäre? Kann man einem Menschen das Gefühl Wer-bin-ich-denn-schon nehmen, indem man ihm sagt, dass man seine Selbsteinschätzung nicht teilt? Vielleicht, doch Gott versucht es anders: »Du musst diese Aufgabe nicht alleine bewältigen, Mose, ich bin bei dir. Es kommt nicht alleine auf dich an.« Gott entlastet Mose bei seiner zu großen Aufgabe. Statt dem Mose sein mangelndes Selbstwertgefühl ausreden zu wollen, sagt Gott seine Begleitung und Unterstützung zu. Folgerichtig kommt Moses zweiter Einwand: »Gut, ich werde also zu den Israeliten kommen und ihnen sagen: Der Gott eurer Väter hat mich zu euch gesandt. Da werden sie mich fragen: Wie heißt er? Was soll ich ihnen darauf sagen?« Sein Einwand bedeutet eigentlich: »Wer bist du denn, wie ist dein Name?« Mose will wissen, wer ihn da begleitet. Denn er braucht nicht irgendeinen Begleiter, sondern einen vertrauenswürdigen. So folgerichtig sein Einwand ist, so dumm ist er auch. Gott hatte sich vor ein paar Augenblicken erst als Gott der Ahnen vorgestellt. Deswegen erzählt Gott dem Mose nun auch keine langen Geschichten, wie die Väter sich auf ihren Gott verlassen konnten (die kennt Mose), sondern bringt auf den Punkt, wer er ist: »Ich bin der ›Ich-bin-da‹.« Das macht Gott aus, das ist sein Name, sein Wesen: Ich-bin-da! Er ist für Mose da. Gott ist ein anwesender, ein gegenwärtiger Gott. Was immer mit Mose passieren mag, Gott ist an seiner Seite. Nicht seine Allmacht und Stärke führt Gott als Argument an, sondern seine Gegenwart. Ich selbst erlebe Gott ebenso. Nicht allmächtig, indem er meine Behinderung beseitigt, sondern gegenwärtig, indem er mich begleitet.

Mose ist noch nicht überzeugt. Er will und kann den Auftrag noch nicht übernehmen. Sein dritter Einwand: »Was aber, wenn sie mir nicht glauben und nicht auf mich hören«. Das ist offensichtlich ein wirklich gutes Argument, denn Gott bringt drei Gegenargumente, um es zu entkräften: 1. Moses Stab kann zur Schlange werden. 2. Seine Hand kann Mose mit Aussatz versehen und wieder heilen. 3. Er kann Nilwasser zu Blut machen. Offensichtlich spürt Gott, hier bringt Mose einen tragenden Einwand. Es entspricht wohl Moses Erfahrung, dass sie ihm nicht glauben. Was stimmt nur nicht mit dem Mose, dass die Menschen seinen Worten keinen Glauben schenken? Mose bringt einen wichtigen Einwand. Langsam nähert er sich an den Kern seines Problems an. Aber noch verschweigt er, warum sie ihm nicht glauben werden. Die drei Gegenargumente Gottes sind nun so überzeugend, dass Mose keine weiteren vorgeschobenen Argumente findet, um den Auftrag Gottes abzulehnen.

Nun endlich, nach drei beantworteten Einwänden, bringt

es Mose auf den Punkt. Um nicht zu sagen, er spricht über seinen wunden Punkt. Sein vierter Einwand: »Ach, mein Herr, ich bin von jeher nicht beredt gewesen, auch jetzt nicht, seitdem du mit deinem Knecht redest; denn ich hab eine schwere Sprache und eine schwere Zunge« (Lutherübersetzung). Ist Ihnen aufgefallen, wie Mose seinen Einwand einleitet? »Ach, mein Herr«. Zögernd, ja stöhnend, seufzend »ach« beginnt er seine Rede. Zuvor kamen seine Einwände schnell und präzise. Jetzt stöhnt Mose, jetzt drückt er seine ganze Last aus, jetzt klagt er Gott sein Leid: »Ach, mein Herr, ich habe eine schwere Zunge und eine schwere Sprache. Du hörst doch, wie ich vor mich hin stottere. Wenn du wüsstest, was ich schon durchgemacht habe. Die Menschen glauben mir nicht, weil ich so rede. Merkst du nicht, dass ich einen Sprachfehler habe? Ich bin sprachbehindert! »Auch jetzt ist es nicht besser, wo du mit mir redest«.

»Auch jetzt ist es nicht besser«, seltsamer Einwand, nicht wahr!? Denkt Mose etwa, die Begegnung mit Gott müsste seine Behinderung heilen? Denkt er, wo Gott ist, da verschwinden menschliche Schwächen? Oder, wer in Gottes Nähe ist, der wird automatisch geheilt? Ob Mose das denkt? Auf jeden Fall ist er verwundert: Mose bemerkt, Gottesbegegnung bedeutet nicht zugleich geheilt zu werden. Die Anwesenheit Gottes bewirkt keine Abwesenheit von Behinderung.

Mose hatte also eine Sprachbehinderung. Viele Ausleger vermuten, er habe gestottert. Jetzt endlich ist es raus, warum er sich mit Händen und Füßen gegen Gottes Auftrag gewehrt hat. Jetzt wird sein Selbstwertgefühl verständlich. Jetzt ist klar, warum sie ihm nicht glauben. In seinem vierten Einwand nennt Mose sein eigentliches Problem. Die schwere Zunge ist sein schweres Problem. Also das schwere Problem für Mose. Für Gott ist der Sprachfehler offensichtlich kein Problem, denn der scheint diese »Schwäche« die ganze Zeit großzügig zu überhören. Wieso habe ich eigentlich ernsthaft geglaubt, ich könne meine Beinbehinderung vor den Menschen verstecken? Jeder sah doch, wie sehr ich gehumpelt habe. Mose versucht es wie ich: Solange er sein Stottern nicht zum Thema macht, wird ihn schon keiner darauf ansprechen. Statt bei den Menschen zu leben, übernimmt er lieber die Hirtenaufgabe in der Einsamkeit. Da muss er nicht sprechen. Statt dass ich mit den anderen ins Freibad gegangen bin, wollte ich lieber alleine bleiben.

Für Gott ist die Behinderung des Mose offensichtlich kein Problem. Sein Wille, Mose als seinen Botschafter vor dem Pharao reden zu lassen, wird durch die Stotterei des Mose nicht verhindert. Doch spürt Gott: Mose ist überfordert mit der Aufgabe. Er traut es sich nicht zu und sicher hat er Angst, ausgelacht zu werden. Gott spürt: Jetzt endlich redet Mose über sein zentrales Problem. Und deswegen antwortet Gott mit dem Gegenargument schlechthin: »Wer hat dem Menschen den Mund gegeben, und wer macht taub oder stumm, sehend oder blind? Doch wohl ich, der Herr!« Was für eine Aussage: Gott hat die unglaubliche Vielfalt der Menschen gewollt. Die einen sind stumm, die anderen gehörlos, manche sehen, andere sind blind. Gott beruft sich auf sein Schöpfungswerk. Gott will, dass es Menschen mit Behinderungen gibt! Gott findet die menschlichen Grenzen völlig akzeptabel. Mose ist nicht minderwertig, weil er stottert.

Was soll der Mose gegen ein solches Gotteswort noch sagen? Gott will den Mose, wie er ist. Wie wichtig war diese Erkenntnis für mich, als ich mich defizitär fühlte. Und Mose ist überzeugt: »Mensch Gott, da habe ich mich die ganze Zeit über völlig umsonst geschämt? Nicht mein Stottern ist das Problem, sondern dass die Menschen deswegen nicht mit mir reden wollen? Wenn du mich also o.k. findest, dann gehe ich los.« Aber halt, Augenblick mal, von einer solchen Reaktion des Mose steht nichts in der Geschichte. Ganz im Gegenteil.

Mose sagt als Antwort seinen fünften Einwand: »Herr, schick doch einen andern.« (Lutherübersetzung »Sende, wen du willst.«) Mose widerspricht immer noch. Das gibt es doch gar nicht: »Schick einen andern. Schöne Rede, Gott, aber ich werde nicht gehen. Tolle Vorstellung, dass du die Menschen in ihrer Unterschiedlichkeit wolltest. Deine Argumente hättest du aber nicht mir erzählen sollen, sondern denen, die lachen.« Moses Angst ist nicht beseitigt! Auch nicht durch die vielen Argumente Gottes. Ängste werden selten durch Argumente besiegt! Zu tief sind Verletzungen, als dass man sie wegreden könnte. Vielleicht gibt Gott deswegen Mose auch jetzt noch nicht auf. Alle Argumente haben den Mose nicht in Bewegung gesetzt. Daher greift Gott zu anderen Mitteln: »Da entbrannte der Zorn des Herrn über Mose.« Gottes Zorn entbrennt, er ist wütend, ja richtig wütend. Mose teilt seine guten Argumente nicht. Er hält an seiner Sicht der Dinge fest. Dabei wäre doch eine Veränderung seiner Einstellung so befreiend für ihn. Aber Gott schlägt in seiner Wut nicht blind um sich. Sein Zorn ist anders, sanft und hilfreich: » Da entbrannte der Zorn des Herrn über Mose und er sprach: Hast du nicht noch einen Bruder, den Leviten Aaron? Ich weiß, er kann reden; außerdem bricht er gerade auf und wird dir begegnen. Wenn er dich sieht, wird er sich von Herzen freuen. Sprich mit ihm und leg ihm die Worte in den Mund! Ich aber werde mit deinem und seinem Mund sein, ich werde euch anweisen, was ihr tun sollt, und er wird für dich zum Volk reden. Er wird für dich der Mund sein, und du wirst für ihn Gott sein.«

Gott hilft dem Mose durch drei Gaben: Erstens, Mose bekommt einen Bruder und Freund, den Aaron. »Er freut sich von Herzen«, heißt es. Aarons Herz ist voll Freude. Stottern hin oder her, Aaron freut sich auf die Begegnung. Und er wird Mose guttun. Es sind die Menschen, die mich von Herzen gernhaben, die mich lehrten, nicht an meiner Behinderung zu scheitern. Wir leben von den Menschen, die sich freuen, uns zu begegnen. Sie sind eine Gabe Gottes. Zweitens, Mose bekommt einen Helfer, wiederum Aaron (wer könnte besser helfen als ein Freund). »Er wird für dich zum Volk reden«. Mose behält seine Behinderung. Aber er bekommt ein Hilfsmittel, einen Redner, einen, der für ihn spricht, einen »Fürsprecher«. So ist Mose der Aufgabe gewachsen. Wie viel verdanke ich meinem Bruder, meinen Geschwistern, meinen Eltern, den vielen hilfsbereiten Menschen! Und schließlich bekommt Mose eine letzte, dritte Gabe. Die Gegenwart Gottes: »Ich will mit deinem und seinem Mund sein.« Wer sich der Nähe Gottes gewiss ist, der kann erhobenen Hauptes leben. Ist Ihnen merkwürdig vorgekommen, dass Gott nicht nur mit Aarons Mund, sondern auch mit Moses Mund sein will? Wieso denn Moses Mund? Der muss doch gar nicht mehr reden? Das tut doch Aaron für ihn. Richtig, vorerst wird er es für ihn tun. Doch später wird Mose seine Hemmungen verlieren. Er wird anfangen, vor dem Pharao zu reden, stotternd zu reden. Worte mit Gewicht und niemand wird lachen. Seine Angst vergeht. Mit seiner Grenze wird er zum Boten für Gott.

Behinderung ist keine Strafe Gottes!

Eigentlich versteht sich die Überschrift von selbst, wenn Sie meinen Ausführungen über Heil und Heilung und meinem Verständnis der Mosegeschichte zustimmen. Weil ich aber immer wieder höre, dass Behinderungen als Strafe Gottes für die in Sünde lebende Menschheit verstanden werden (individuell formuliert das niemand, schon gar nicht in meiner Gegenwart), schreibe ich ein paar kurze Sätze dazu.

»Behinderung ist keine Strafe Gottes«, sagte ich. Die Jünger Jesu glaubten das noch. Einmal begegnen sie einem von Geburt an Blinden (Johannes 9,1–3) und fragen Jesus: »Wer hat gesündigt? Er selbst? Oder haben seine Eltern gesündigt, sodass er blind geboren wurde?« Jesus weist den Zusammenhang von Schuld und Behinderung zurück: »Weder er noch seine Eltern haben gesündigt, sondern das Wirken Gottes soll an ihm offenbar werden.«

Das Wirken Gottes soll offenbar werden. Sicher ist in dieser Geschichte mit dem Wirken vor allem die Heilung gemeint, die dann erfolgt. Ich meine aber, Jesus meint noch mehr: Das Wirken Gottes soll auch bei den Menschen sichtbar werden, die außergewöhnlich begrenzt sind. Denken Sie an Mose. An dem wurde auch das Wirken Gottes offenbar. Und Paulus, der große Missionar, als er unter einer Krankheit litt, betete er um Heilung. Doch die Antwort Gottes verweist ihn und uns auf das Wesentliche, nämlich das Heil: 2 Korinther 12,9: »Lass dir an meiner Gnade genügen; denn meine Kraft ist in den Schwachen mächtig.« (Lutherübersetzung).

Behinderung ist keine Strafe Gottes. Paulus war nicht behindert, sondern krank. Er hat auch seine Krankheit nicht als Strafe verstanden. Ich glaube, am Gesundheitszustand eines Menschen kann man nicht ablesen, wie Gott zu ihm steht! Behinderung und Krankheit sind keine Strafen Gottes! Die Vorstellung, Behinderung, Krankheit und Unglück sei eine Strafe Gottes, hat viele Menschen in Angst und Schrecken versetzt. Da wird man krank und bekommt dann auch noch die Schuld für die Krankheit in die Schuhe geschoben. Frei nach dem Motto: »Kleine Sünden straft der liebe Gott sofort«. Krankheit überfällt uns Menschen grundlos. Natürlich gibt es Krankheiten, die auf menschliches Verhalten zurückzuführen sind. Starke Raucher müssen damit rechnen Lungenkrebs zu bekommen. Aber manchmal werden wir Menschen einfach so krank. Manchmal kommen Menschen mit Behinderungen zur Welt, ohne dass jemand etwas falsch gemacht hat. Das behinderte Kind, Rainer, war keine Strafe Gottes für meine Eltern!

Behinderung in unserer Gesellschaft

Als ich 1965 geboren wurde, da sah die Welt noch anders aus. Es gab noch keine vorgeburtliche Diagnostik, die meine Eltern auf meine körperlichen Besonderheiten vorbereitete. Es gab noch keine Gentechnik, die sich anschickte, den Menschen heilen und verändern zu können. Doch unsere Gesellschaft hat sich gewandelt. Neue Techniken wurden erfunden, neue Möglichkeiten entwickelt. Mit ihnen kamen neue ethische Fragen und Herausforderungen auf uns zu: Eltern müssen abwägen, ob sie das Kind haben wollen, das eventuell behindert sein könnte. Politiker müssen entscheiden, wie weit Forscher in ihrem Bemühen, den Menschen zu verändern, gehen dürfen.

In diesem letzten Teil denke ich darüber nach, wo gesellschaftliche Entwicklungen Auswirkungen auf Menschen mit besonderen Grenzen haben.

Welchen Menschen wollen wir?

Es liegt in den Möglichkeiten des Menschen, die Welt zu verändern. Passen sich Pflanzen und Tiere weitgehend an ihre Umwelt an, so passt der Mensch seine Umwelt an sich und seine Bedürfnisse an. Und unsere Fähigkeiten, die Welt zu gestalten, wachsen stetig. Mit dem technischen Fortschritt hat sich das Gesicht der Welt stärker gewandelt als je zuvor. Je größer unserer Fähigkeiten, desto einschneidender die Veränderungen.

Der Mensch gestaltet die Welt, um die Lebensbedingungen des Menschen zu verbessern. Manchmal sollen alle davon profitieren, etwa wenn eine neue Bahntrasse gebaut wird, manchmal profitieren Einzelne, etwa wenn man sich ein neues Bett kauft. Nicht immer stellt die angestrebte Veränderung wirklich eine Verbesserung dar. Unsere gewollte Mobilität führt zu einem ungewollten Raubbau an den natürlichen Ressourcen. Oft können wir überhaupt erst im Nachhinein sagen, ob eine durchgeführte Veränderung eher positive oder eher negative Auswirkungen hatte. Und wie eine Veränderung bewertet wird, hängt immer vom jeweiligen Standpunkt ab. Für den einen ist die Ökosteuer ein Fortschritt für den Naturschutz, ein anderer sieht in ihr eine Gefahr für das Wirtschaftswachstum.

Wir gestalten unsere Lebenswelt. Davon haben Menschen mit Handicaps in der Vergangenheit profitiert. In starkem Maße hat sich unsere Gesellschaft der Aufgabe gestellt, das Lebensumfeld für Menschen mit außergewöhnlichen Grenzen angemessen zu gestalten. Wer nur ein Bein hat, wird mit einer Prothese versorgt. Viele Rechte wurden eingeräumt. Wer zum Beispiel ständig auf Hilfe einer Begleitperson angewiesen ist (B im Behindertenausweis), erhält das Bahnticket für die Begleitperson kostenlos. Es wurden besondere Schulen eingerichtet und es wurde eigens eine besondere Pädagogik entwickelt, damit den Besonderheiten der Kinder Rechnung getragen wird. Zugleich wurde auch das Bewusstsein der Menschen in der Gesellschaft verändert. Menschen mit starken Begrenzungen werden heute (hoffentlich) nicht mehr Krüppel genannt und eine Behinderung wird meistens nicht mehr als Stigma angesehen. Der Weg unserer Gesellschaft im Umgang mit Behinderungen war überwiegend dieser: Soweit medizinisch möglich, wird eine Behinderung vermieden oder vermindert (abgerissene Körperteile können zuweilen angenäht werden). Sind die medizinischen Möglichkeiten ausgeschöpft, passt man die Lebenswelt an die Behinderungen an (durch Hilfsmittel, durch Hilfspersonen, durch eingeräumte Rechte, …). Kurzum: Wir gestalten unsere Gesellschaft so, dass sie den Menschen entspricht.

Längst aber verändert der Mensch nicht mehr nur seine Umwelt, sondern auch den Menschen selbst. Durch Medikamente und Operationen greifen wir in den Menschen ein. Viele Krankheiten müssen wir nicht mehr als Schicksalsschläge hinnehmen, sondern können sie erfolgreich bekämpfen. Wessen Hüfte verschlissen ist, der kann ein künstliches Hüftgelenk erhalten und der Rollstuhl bleibt ihm erspart. Wir transplantieren Organe und amputieren Extremitäten. Dass wir Veränderungen am Menschen vornehmen, ist normal und für die allermeisten wohl kein ethisches Problem.

Nun sind in den letzten Jahrzehnten neue Möglichkeiten entwickelt worden, die uns vor wichtige ethische Fragen stellen. Techniken, die entweder versprechen, dem Menschen Behinderungen und Krankheiten zu ersparen, oder Techniken, die den Menschen als Ganzes zur Disposition stellen. Ich meine zum einen die vorgeburtliche Diagnostik. Durch verschiedene Verfahren können Behinderungen mit einer gewissen Wahrscheinlichkeit entdeckt werden. Manchmal entscheiden sich die Eltern dann, den Fötus (Leibesfrucht der Mutter ab der 8. Schwangerschaftswoche = SSW) abzutreiben. Ich meine auch die künstliche Befruchtung (In-vitro-Fertilisation). Bei diesem Verfahren werden mehrere Embryonen (befruchtete Eizelle bis zur 8. SSW) im Reagenzglas erzeugt und auf ihre Qualität hin untersucht. Nur der »beste« Embryo wird dann in die Gebärmutter der Frau eingepflanzt, die den Kinderwunsch hat. Die anderen werden vernichtet. Schließlich entwickelt sich die Gentechnik mit rasender Geschwindigkeit. Sie verspricht, dass genetisch bedingte Krankheiten und Behinderungen vermieden werden können. Manche erhoffen/befürchten gar, dass durch die Gentechnik[6] eine »Verbesserung« des Menschen ermöglicht wird (Eugenik).

---

6. Wohl und Wehe der Gentechnik werden heute hitzig diskutiert. Oft lehnen gerade Christenmenschen diese Technik generell ab. Als zentrales Argument erheben sie, der Mensch greife mit der Veränderung der Gene in Gottes Bauplan ein. Ich halte dieses Argument für schwach. Wieso sind unsere Gene heiliger als unser Blutdruck? Wenn Gott als Schöpfer gedacht wird, dann muss doch wohl der ganze Mensch als Schöpfung gelten, nicht nur seine Gene. Mit ähnlicher Argumentation wurden überdies im Mittelalter Obduktionen verhindert. Tausende sind an Blinddarmentzündung gestorben, weil man das Geschöpf Gottes nicht antasten durfte. Gegen die Gentechnik gibt es genügend andere Argumente, um sie in Frage zu stellen.

Alle genannten Bereiche wecken einerseits Hoffnungen. Manche träumen von einer Welt, in der es keine Behinderungen mehr gibt. Unser Lebensalter könnte deutlich steigen und schlimme Krankheiten könnten überwunden werden. Wir könnten in einer schönen, neuen Welt mit gesünderen, ja leistungsfähigeren Menschen leben.

Andererseits wecken die neuen Möglichkeiten Ängste. Manche befürchten eine Welt, in der es keine Behinderten mehr geben darf. Eltern mit einem begrenzten Kind ernten Unverständnis, weil man es nicht abgetrieben[7] hat. Mediziner und Genetiker machen Jagd auf »beschädigte« Föten, da diese Kinder als minderwertig angesehen werden.

Die neuen Möglichkeiten stellen eine neue Kategorie des Fortschritts dar. Bislang galten unsere Bemühungen der Heilung des Menschen und der Verbesserung seiner Lebensbedingungen. Nun steht der Mensch selbst zur Disposition. Wird eine Behinderung eines Embryos festgestellt, so müssen sich die Eltern entscheiden, ob dieses Leben zur Welt kommen soll oder nicht. Meine Eltern hatten diese Möglichkeit der Entscheidung und die Last einer solchen Entscheidung nicht. Die neuen Möglichkeiten stellen uns

7. Ich benutze die Wörter »Abtreibung« und »Schwangerschaftsabbruch«. Schwangerschaftsabbruch ist zwar verharmlosend, da nicht zuerst ein Zustand der Mutter verändert wird, sondern ein Fötus sein Leben verliert, doch ist dies die Terminologie in Gesetzen und in der Medizin. »Schwangerschaftsunterbrechung« ist schlicht falsch, da es keine Fortsetzung der Schwangerschaft geben kann. Fötustötung (oder Fötusmord) klingt militant und moralisierend. Abtreibung ist der gebräuchliche Begriff der Umgangssprache. Allerdings suggeriert der Begriff, das Kind treibe friedlich weg, wie ein Boot auf hoher See. Eine Abtreibung stellt aber einen psychisch belastenden Eingriff dar.

vor die Frage: Welchen Menschen wollen wir haben? Wie soll der Mensch sein, der geboren wird? Welches Leben ist es wert, gelebt zu werden, und welches nicht? Wie soll der Mensch der Zukunft aussehen? Wie wir diese Frage beantworten werden, hängt auch von unseren Vorstellungen über den Menschen ab. Wer meint, das Leben mit einer Behinderung sei unerträglich, der wird versuchen, solches Leben nicht entstehen zu lassen. War bislang der Mensch das Maß für die Gestaltung unserer Lebenswelt, so wird nun zunehmend die Gesellschaft mit ihren Werten zum Maß für die Gestalt des Menschen. Der Mensch und vor allem der Mensch mit starken Einschränkungen ist nicht mehr unabänderliche Tatsache, sondern steht nun zur Disposition.

Eltern unter Entscheidungsdruck

Ganz akut wird die gerade aufgeworfene ethische Frage für werdende Eltern. Für diese ist dieses Kapitel vor allem geschrieben.

Wer heute Mutter oder Vater wird, dem werden viele vorgeburtliche (= pränatale) diagnostische Methoden angeboten. Mit Hilfe dieser Techniken können mögliche Fehlentwicklungen des Fötus mit hoher Wahrscheinlichkeit erkannt werden. Wer also Mutter oder Vater wird, der wird sich fragen: »Was machen wir, wenn das Kind krank oder behindert ist? Soll das Kind geboren werden oder wollen wir uns und dem Kind diese Last ersparen? Ist ein behindertes Kind nicht eine zu schwere Last? Werden wir das verkraften?«, solche oder ähnliche Fragen stellen sich die meisten von uns. Wir wünschen uns doch so sehr ein gesundes, fröhliches Kind, das alle Chancen hat, dieses Leben glücklich zu genießen. Wir wünschen uns, dass alles gut geht und unser Elternglück ungetrübt ist.

Vielleicht vermuten Sie (und befürchten?) schon bei diesen ersten Zeilen des Kapitels, dass ich aus meiner Perspektive wenig Verständnis für diesen Wunsch aufbringen könnte. Dem ist nicht so. Keine Angst, ich werde in diesem Kapitel nicht den moralischen Zeigefinger erheben (wie sollte ich das auch tun ohne Hände). Ich finde den Wunsch nach einem gesunden Kind absolut verständlich und teile ihn. Ich schreibe dieses Kapitel nicht nur aus der Perspektive eines Menschen mit starken körperlichen Einschränkungen, sondern auch aus der Perspektive eines Mannes, der vielleicht eines Tages Vater werden wird. Was wäre, so frage ich mich, wenn mir ein Arzt eröffnet, dass mein Kind wahrscheinlich eine starke Begrenzung haben wird? Ein Kind mit Behinderung in meiner Situation? Ich habe also viel Verständnis für werdende Eltern und ihre gemischten Gefühle.

Andererseits ist es das erklärte Anliegen meines Buches, Ihnen falsche Vorstellungen von dem Schrecken eines Lebens mit Behinderung zu nehmen und die damit verbundenen Ängste abzubauen. Sicher sind mit einem besonderen Kind auch besondere Lasten verbunden, doch bin ich überzeugt, dass Sie als Eltern und das besondere Kind dennoch ein erfülltes Leben haben können. Ich werde in diesem Kapitel nicht versuchen, Sie zu überreden, meine Meinung zu teilen (das habe ich ja schon lang und breit in Teil A versucht). Stattdessen möchte ich fragen, wie können werdende Eltern mit dem Thema Behinderung umgehen?

Ich sehe drei mögliche Wege, mit ungeborenem, möglicherweise eingeschränktem Leben umzugehen.

Wir wollen nicht wissen, ob unser Kind behindert ist

Eben habe ich formuliert, dass werdenden Eltern viele vorgeburtliche diagnostische Methoden angeboten werden. Manchmal werden die Untersuchungsmethoden nicht nur angeboten, sondern dringend empfohlen. So müssen Frauenärzte Mütter über 35 Jahre auf die Möglichkeit der Fruchtwasseruntersuchung hinweisen, um nicht schadenersatzpflichtig zu werden, sollte das Kind eine Behinderung aufweisen. Deswegen möchte ich an dieser Stelle ausdrücklich darauf hinweisen, dass Eltern auch ein Recht auf Nichtwissen haben. Man ist nicht verpflichtet jede Untersuchung durchführen zu lassen. 97 Prozent aller Kinder kommen völlig gesund zur Welt[8]. Darüber hinaus sind manche Untersuchungen nicht ungefährlich für das werdende Kind. Wer sich entscheidet, nicht alle pränatalen diagnostischen Methoden durchführen zu lassen, handelt nicht fahrlässig.

Wer unter allen Umständen das Kind zur Welt bringen möchte, wird leichter auf verschiedene Untersuchungen verzichten können.

Wir bekommen ein Kind mit Behinderung

Vermutlich werden kaum Eltern den Satz in meiner Überschrift ohne Wenn und Aber sagen. Viele machen doch ihre Entscheidung von den Untersuchungsergebnissen abhängig. Mir liegt aber daran, und das will ich mit meiner Überschrift andeuten, dass Untersuchungsergebnis und unsere Entscheidung grundsätzlich zwei Paar Schuhe sind. Es sollte keinen Automatismus geben im Sinne: Behinderung = Abtreibung. Eine Familie hat mir über das Unverständnis ihres Frauenarztes berichtet, als sie sich entschieden hatte, ihr Kind mit Down-Syndrom zu bekommen. Die

---

8. Quelle: http://www.praenatal-diagnostik.ch/

Untersuchungsergebnisse beeinflussen sicherlich Entscheidungen, aber sie dürfen uns nicht die Entscheidung abnehmen.

Meine Überschrift »Wir bekommen ein Kind mit Behinderung« ist zweideutig. Zum einen deute ich die Entscheidung der Eltern an (wir wollen das Kind bekommen), zum anderen deute ich eine mögliche Diagnose an (Sie bekommen ein Kind mit Behinderung). Welche Gedanken würden werdenden Eltern durch den Kopf gehen, wenn sie eine solche Diagnose bekämen? Wie würde es mir ergehen? Grundsätzlich halte ich Behinderung nicht für einen Abtreibungsgrund, aber gemischte Gefühle hätte ich trotzdem.

Zuerst würde ich wissen wollen, wie sicher die Diagnose ist. Nicht jedes diagnostische Verfahren bringt hundertprozentige Sicherheit. Dann würde ich wissen wollen, wie stark denn das Kind eingeschränkt ist und was das für mich bedeutet. Vielleicht kann eine Beratungsstelle den Kontakt zu einer Familie herstellen, die ein Kind mit ähnlicher Einschränkung hat. Ich könnte mir ein besseres Bild machen über das, was mich erwartet. Schließlich würde ich fragen, welche Hilfen es nach der Geburt für das Kind, mich und die Familie gibt. Würden Freunde und Verwandte helfen, die Last zu schultern? Könnte uns eine Familienhebamme[9] unterstützen? Meine Eltern erhielten seinerzeit die nötige Unterstützung von der Verwandtschaft und den Freunden

---

9 1980 begann die erste Familienhebamme in Deutschland ihren Dienst. Ihre Aufgabe ist es, Risikoschwangere zu begleiten und zu beraten. Nach der Geburt ist eine Betreuung der Mutter und ihres Kindes mit Behinderung bis zu einem Jahr möglich.

im Dorf. Ein gutes soziales Netz aus Personen des Privatlebens und aus staatlichen Hilfen lassen uns viele Lasten bewältigen. Wer belastet ist, kann auch entlastet werden.

Ich würde mich auch fragen, was ich verpasse, wenn dieses Kind nicht zur Welt kommt. Eines der fröhlichsten und lebenslustigsten Kinder, die ich kenne, »leidet« unter Down-Syndrom. Also, es »leidet« eben nicht. Es führt ein glückliches Leben und ist den Eltern überwiegend Grund zur Freude. Es scheint mir überhaupt so zu sein: Wenn das Kind mit der Behinderung erst einmal geboren ist, dann weicht die emotionale Unsicherheit, und die meisten Eltern finden ein volles »Ja« zu dem Kind.

Was sind die Probleme dieses Weges?

Erstens: Man weiß nicht, was auf einen zukommt. Man kann zum Zeitpunkt seiner Entscheidung kaum abschätzen, wie sich das Leben verändern wird. Man hat Gefühle der Unsicherheit und Angst, eventuell überfordert zu sein. Andererseits habe ich solche Gefühle schon öfter gehabt. Sei es der Umzug in eine neue Stadt oder das anstehende Examen. Ich habe die Erfahrung gemacht, dass viele Ängste unbegründet sind. Wenn das Kind erst einmal da ist, wird man schon Wege finden. Ein Familienvater erzählte mir: »Unser erstes Kind war sehr anstrengend. Wir hatten die Sorge, ein zweites würde unser Kräfte übersteigen. Inzwischen haben wir drei und wir kommen gut zurecht.«

Zweitens: Ein Kind mit Behinderung »stört« unseren berechtigten Wunsch nach einem gelingenden Leben. Kommen wir als Eltern nicht zu kurz, wenn das Kind da ist? Mag sein, doch was ist, wenn man ein gesundes Kind bekommt und dieses dann später durch Krankheit oder Unfall behindert wird? Dann können wir es auch nicht mehr »abtreiben« lassen. Wir haben wohl nur einen »berechtigten Wunsch nach« und kein »Recht auf« ein unbelastetes Leben. Unser Leben ist nun einmal generell gefährdet. Es kommt darauf an, Kraft für Krisen und Belastungen zu haben.

Drittens: Kinder mit besonderen Einschränkungen haben besondere finanzielle Belastungen zur Folge. Auch für Krankenkassen und Sozialstaat. Wer weiß, wie lange Krankenkassen und Sozialstaat noch Familien mit behinderten Kindern unterstützen. Ich glaube ja, dass beide eher an den großen Volkskrankheiten wie etwa Herz-Kreislauf-Erkrankungen durch Übergewicht pleitegehen, aber wer weiß, ob man in Zukunft noch Verständnis hat für Eltern, die »unnötigerweise« ein Kind mit Behinderung bekommen haben. Sollte es wirklich zu einer Frage des Geldes werden, ob sich eine Familie ein Kind mit Behinderung »leisten« kann, wäre das für mich das Scheitern des Sozialstaates.

Viertens: Was ist, wenn das Kind so schwer eingeschränkt ist, dass sein Leben eine einzige Last wird? Ich kenne ein Kind, das schwerste geistige Beeinträchtigungen aufweist. Seine Kommunikationsmöglichkeiten sind auf Äußerungen von elementaren Gefühlen begrenzt, wie lachen und weinen. Es kann schlecht sehen und kaum hören. Zeitlebens wird das Kind ein hundertprozentiger Pflegefall bleiben. Während ich diese Zeilen schreibe, merke ich, wie sich mein Magen verkrampft. Welch schreckliche Vorstellung. In der

Tat hatten die Eltern eine große Last zu tragen. Aber weder ist ihre Familie auseinandergebrochen, noch haben sie jede Lebensfreude verloren. Die Mutter erzählt sogar, dass sie ihr Leben mit seinen Freuden heute intensiver genießt als früher. Ja, Eltern können an der Last einer Behinderung scheitern, aber sie müssen es nicht. Und ob ein schwerst-mehrfach behindertes Kind eher unglücklich ist oder eher glücklich, vermag vorher niemand zu entscheiden.

Wir bekommen kein Kind mit Behinderung

Vielleicht stellen Sie als werdende Eltern (auch nachdem Sie dieses Buch gelesen haben) fest, dass es Ihnen wie Mose geht: Alle Argumente lassen Sie nicht Ihre Angst vor dem Leben mit einer Behinderung verlieren. Für Sie ist es nach wie vor eine schreckliche Vorstellung, ein Kind mit außerge-wöhnlichen Grenzen zu bekommen. Und Sie machen doch die Unterscheidung von Kind mit und ohne Behinderung. Es kann sein, dass Sie auf Grund Ihrer Vorstellung von dem Kind glauben, mit dieser Belastung nicht fertig werden zu können. Dann wird Ihre Entscheidung wohl der Schwan-gerschaftsabbruch sein.

Ein kurzer Exkurs zur Rechtslage scheint mir nötig. Nach § 218 Strafgesetzbuch steht ein Schwangerschaftsabbruch un-ter Strafe. § 218a nennt zwei Ausnahmen. Absatz 1 lässt ei-nen gewünschten Abbruch nach erfolgter Beratung zu, wenn seit der Empfängnis nicht mehr als zwölf Wochen vergangen sind (= Fristenlösung). Abs. 2 regelt: »Der mit Einwilligung der Schwangeren von einem Arzt vorgenommene Schwangerschaftsabbruch ist nicht rechtswidrig, wenn der Abbruch der Schwangerschaft unter Berücksichtigung der gegenwärtigen und zukünftigen Lebensverhältnisse der Schwangeren nach ärztlicher Erkenntnis angezeigt ist, um eine Gefahr für das Leben oder die Gefahr einer schwer wiegenden Beeinträchtigung des körperlichen oder seelischen Gesundheitszustandes der Schwangeren abzuwenden und die Gefahr nicht auf eine andere für sie zumutbare Weise abgewendet werden kann.« Dieser Abs. 2 ist die Rechtsgrundlage für Schwangerschaftsabbrüche bei Föten mit Behinderungen. Die Behinderung wird als Gefahr für das Leben oder als Gefahr einer schwer wiegenden Beeinträchtigung des körperlichen oder seelischen Gesundheitszustandes der Schwangeren gesehen. Sie merken, der Gesetzgeber möchte Eltern, die sich nicht in der Lage sehen, die Last eines Kindes mit starker Einschränkung zu tragen, das Recht einräumen, dieses Kind nicht bekommen zu müssen.

Was sind die Probleme dieses Weges?

Erstens: Ein Kind abzutreiben stellt eine psychische Belastung dar. Je weiter die Schwangerschaft fortgeschritten ist, desto größer wird die Bindung an das werdende Kind. Eine mögliche Behinderung des Kindes wird meist erst spät erkannt. Die Nackentransparenzmessung wird in der 11.–14. SSW durchgeführt. Meist bringt erst die Fruchtwasseruntersuchung (14.–20. SSW, Ergebnis liegt erst zwei Wochen später vor) einen relativ sicheren Befund. Ab der 24. SSW ist das Kind aber bereits lebensfähig. Das Strafgesetzbuch erwähnt keine zeitliche Beschränkung für Abtreibungen von Kindern, durch die die Mutter einen körperlichen oder seelischen Schaden erlangen könnte. Schwangerschaftsabbrüche können also bis kurz vor der Geburt durchgeführt werden. Nach der 24. Schwangerschaftswoche könnte das Kind den Abbruch sogar überleben. Bislang zum Glück selten, aber doch vorgekommen. Wenn dies passiert, kämpft der Arzt plötzlich um das Leben des Kindes. Dieses Horrorszenario möchte ich nicht weiter ausführen. Alles in allem, nicht nur ein Kind mit außergewöhnlichen Grenzen zu bekommen ist eine Last, sondern auch, es nicht zu bekommen.

Zweitens, man beseitigt mit der Abtreibung nicht die Behinderung des Kindes, sondern das ganze Kind. Und Angst hat man ja nur vor den Einschränkungen des Kindes, nicht vor dem Kind selbst.

Drittens, man muss eine schwierige Entscheidung treffen. Es gilt das eigene Interesse, von schwer wiegenden Beeinträchtigungen des körperlichen oder seelischen Gesundheitszustandes bewahrt zu bleiben, gegen das Interesse des Kindes auf Leben abzuwägen. Mit unserer Entscheidung selektieren wir, welches Kind leben darf und welches nicht.

Viertens, unsere Entscheidung hängt von unseren Wertvorstellungen und Gefühlen ab. Weltweit werden die meisten Kinder nicht wegen einer zu erwartenden Einschränkung abgetrieben, sondern weil sie das »falsche« Geschlecht haben, nämlich Mädchen sind. In vielen Ländern werden Mädchen als minderwertiger betrachtet bzw. sie stellen ein soziales Risiko dar. Es sind die gesellschaftlichen Werte, die

Mädchen ihr Leben kosten, nicht ihre körperliche Ausprägung. Wir müssen uns im Klaren sein, unsere Entscheidung ist nicht im Wesentlichen durch die Behinderung bedingt, sondern durch unsere Vorstellungen über das Leben mit Behinderungen. Ich glaube ja, Glück und Unglück eines Menschen hängen nicht an seinen Grenzen. Und ich glaube, die Unterscheidung der Menschen in Menschen mit und ohne Behinderung ist falsch. Also lehne ich auch die Unterscheidung in Föten mit und ohne Behinderung ab. Meines Erachtens sollte § 218a, Abs. 2 ergänzt werden um den Satz: »Allein eine zu erwartende Einschränkung (Behinderung) des Kindes ist kein Abtreibungsgrund.«

Fünftens, viele Diagnosen geben keine hundertprozentige Sicherheit für das Vorliegen einer Behinderung. Das heißt, Eltern wissen nur um eine Wahrscheinlichkeit. Eventuell entschließt man sich zur Abtreibung eines gesunden Kindes. Umgekehrt geben unauffällige Untersuchungsbefunde keine hundertprozentige Sicherheit, denn oft können nur schwere Schäden festgestellt werden. Selbst bei der Bestimmung des Geschlechtes per Ultraschall hat es schon Fehlurteile gegeben.

Sechstens, man bekommt kein Kind. Wer meint, der Belastung durch die Behinderung eines Kindes nicht gewachsen zu sein (also seelischen Schaden zu nehmen), der erlebt auch kein Mutter- und Vaterglück. Der erlebt auch nicht das Lachen eines glücklichen Kindes.

Mein Fazit

Wie immer Sie sich in der schwierigen Situation entscheiden werden, meine Entscheidung als vielleicht einmal werdender Vater wäre diese. Ich habe den Wunsch, ein »gesundes Kind« zu bekommen. Eine Garantie für (ein Recht auf) ein solches Kind kann es nicht geben.Ich würde nicht wissen wollen, ob das Kind außergewöhnlich ist. Sollte das Kind stärker begrenzt sein, als mir lieb ist, so kann es hoffentlich von mir lernen, wie man mit Grenzen leben kann. Ich hoffe, ich (also dann natürlich wir) finden einen Weg mit der neuen Belastung umzugehen. Ich würde auf jeden Fall Hilfe in Anspruch nehmen. Denn das ist die Pflicht der sozialen Gemeinschaft: Menschen zu unterstützen, die in eine Situation geraten, die sie alleine nicht meistern können.

Wert und Würde eines Menschen

Werdende Eltern stehen vor der Frage: »Was machen wir, wenn das Kind behindert ist?« Ihre Antwort wird nicht nur davon abhängen, ob sie den erwarteten Belastungen gewachsen sein werden, sondern auch, welchen Wert sie dem neuen Leben beimessen. Wird das Kind glücklich werden können? Lohnt es sich, mit einer Behinderung zu leben? Macht es überhaupt Sinn, unter (extrem) eingeschränkten Bedingungen zu leben? Ist es dieses Leben wert, gelebt zu werden?

Nicht nur werdende Eltern stellen die Frage nach dem Wert des Lebens. Es ist eine grundsätzliche Frage unserer Gesellschaft. Die neuen Möglichkeiten nötigen uns, eine Antwort zu geben. Forscher stellen in Aussicht, das menschliche Genom verändern zu können. Wird es möglich werden, den Menschen genetisch zu »verbessern«? Und wie soll er denn sein, der neue Mensch? Unheilbar kranke Menschen, deren Angehörige und Mediziner stellen die Frage nach dem Wert des Lebens, wenn diese sich den Tod wünschen und sagen: Das ist doch kein lebenswertes Leben mehr.

Ich stelle mich in diesem Kapitel der Frage nach dem Wert des Lebens. Es ist eine wichtige Frage. Es geht um Leben oder Tod. Es geht um Abtreibungen, um schwerste Behinderungen und um Sterbehilfe. Manche halten sie für die zentrale Frage, an denen sich die genannten ethischen Herausforderungen unserer Zeit entscheiden. Ich habe da Bedenken. In der deutschen Geschichte hat man bereits einmal Leben als unwertes Leben abqualifiziert. Jede gedankliche Annäherung in diese

Richtung bereitet mir Bauchschmerzen. Doch ich werde mich auf die Frage einlassen und durchdenken, welche Konsequenzen die Beurteilung des Lebens nach seinem Wert mit sich bringen.

Ist mein Leben lebenswert?

Ich möchte bei meinen Ausführungen über den Wert des Lebens bei unserem eigenen Erleben einsetzen. Die gerade formulierten Fragen möchte ich Ihnen ganz persönlich stellen: »Was macht Ihr Leben lebenswert? Warum ist Ihr Leben es wert, gelebt zu werden? Was erachten Sie als wertvolle und was als wertlose Erfahrung? Was gibt Ihrem Leben eine Daseinsberechtigung?« Wenn wir nach dem Wert menschlichen Lebens fragen, dann sollten wir das nicht in der Theorie tun, sondern ganz praktisch bei unserem Leben beginnen. Meine Antwort sieht in etwa so aus (die Reihenfolge ist keine Wertung): Meine Kindheit war glücklich und unbeschwert. Ich habe mich in meiner Haut überwiegend wohl gefühlt, daher war mir klar, mein Leben ist es wert, gelebt zu werden. Wertvoll empfinde ich mich auch, wenn ich etwas leiste. Eine Aufgabe zu erfüllen, das gibt meinem Leben Sinn. Wertvoll empfinde ich mich schließlich, weil Menschen mich mögen, manche sogar lieben. Ich bin liebenswert, also ist mein Leben lebenswert. Sicher werden Ihnen noch andere Dinge einfallen, ich will es aber bei diesen bewenden lassen. Mir ist die Antwort übrigens nicht ganz leicht gefallen. Einfacher wäre es gewesen zu benen-

nen, welche schönen und welche schlechten Erfahrungen
ich gemacht habe. Doch manche Erfahrungen, die mir zunächst als schlecht erschienen, haben sich im Nachhinein
als wertvoll erwiesen. Niederlagen im Sport lehrten mich,
nicht zuerst auf das Ergebnis zu sehen, sondern mich auf
das Spiel zu konzentrieren. Zerbrochene Beziehungen ließen mich aufmerken, woran ich gescheitert bin. Und auch
wenn ich die Schule zuweilen als Last empfunden habe, be-
werte ich sie nun als Gewinn für mein Leben. Alles in allem:
Mein Leben ist lebenswert, weil ich mich oft glücklich fühle,
weil ich Aufgaben habe und weil ich mich geliebt weiß. Weil
dem so ist, führt auch meine Begrenzung nicht dazu, mein
Leben als wertlos zu erachten.

Darf nur Leben, wer nützlich ist?
Die Ethik von Peter Singer

Ich habe Ihnen Gründe genannt, warum ich mein Leben
und damit mich als Person als wertvoll erachte. Doch was
ist mit Menschen, die nichts leisten können oder deren Leben so elend ist, dass sie sich nicht glücklich fühlen? Was
ist mit dem ungeborenen Leben, von dem man annehmen
kann, dass es nie Lebensqualität haben wird? Was ist mit
alt gewordenen Menschen, die nichts mehr leisten können?
Gibt es wertloses menschliches Leben? Gibt es menschliches
Leben, das kein Lebensrecht (mehr) hat?

Der australische Philosoph und Bioethiker Peter Singer
gibt Antworten auf diese Fragen, spektakuläre Antworten.

Als ich mich während meines Studiums mit seiner Sicht über das Leben beschäftigt habe, wurde mir klar, wie sehr sich meine Vorstellungen über den Menschen von seinen unterscheiden. Er würde nicht »Lieber Arm ab als arm dran« sagen, sondern »Arm ab bedeutet arm dran sein«. Zugleich befürchte ich, seine Vorstellungen werden in unserer von der Ökonomie geprägten Gesellschaft zunehmend Zustimmung finden. Denn seine Grundgedanken sind plausibel und verlockend. Das Fatale ist, seine Schlussfolgerungen sind zudem logisch, aber in meinen Augen führt sein Wunsch nach einer Gesellschaft ohne Menschen mit Behinderung zu einer inhumanen Gesellschaft. Lassen Sie mich darstellen, was Singer über den Menschen denkt. Was vertritt Singer, [10]und warum protestiere ich vehement gegen seine Meinung?

Mehr Bewusstsein = mehr Wert = größeres Lebensrecht

Gibt es wertloses menschliches Leben bzw. was macht Leben wertvoll? Für Peter Singer sind es zwei Dinge, die das Leben wertvoll machen: Bewusstsein und Erlebnisfähigkeit. Hat ein Lebewesen kein Bewusstsein und kann es nicht

---

10 Peter Singer hat 1979 sein Buch »Practical Ethics« veröffentlicht. 1984 erschien die deutsche Übersetzung »Praktische Ethik«. Bei der Darstellung seiner Position beziehe ich mich auf dieses Buch. Frau Annette Nogradi-Häcker hat eine sehr fundierte und zu empfehlende Stellungnahme zu seinem Werk geschrieben: »Die Personwerdung des Menschen – Zur Ethik Peter Singers«. Zitiere ich aus einem der beiden Bücher, so gebe ich nur den Namen und die Seitenzahl an (Singer, 189 oder N.-H., 39).

Glück und Unglück erleben, so ist sein Leben wertlos und also nicht schützenswert. Eine Blume darf man pflücken und damit töten, denn sie erleidet keinen Schmerz und ist sich nicht im Klaren darüber, was mit ihr passiert. Je höher der Grad des Bewusstseins eines Lebens, desto wertvoller das Leben, desto größer sein zu schützendes Lebensrecht.

Singer unterscheidet drei Stufen des Lebens: nichtbewusstes, bewusstes und selbstbewusstes Leben. Als Anzeichen für *selbstbewusstes Leben* nennt er: »Selbstkontrolle, Sinn für Zukunft und Vergangenheit, Sinn für die Fähigkeit mit anderen Beziehungen zu knüpfen, sich um andere zu kümmern, Kommunikation und Neugier« (Singer, 104). *Bewusstes Leben* schreibt er Wesen zu, »die bewusst und fähig sind, Lust und Schmerz zu erfahren, aber nicht selbstbewusst und vernunftbegabt und somit keine Personen sind« (Singer, 117). *Nichtbewusst* ist Leben ohne Empfindungs- und Erlebnisfähigkeit. Das Besondere an den drei Lebenskategorien von Singer ist nun, dass er sie nicht jeweiligen Gattungen von Lebewesen zuordnet, etwa selbstbewusstes Leben den Menschen, bewusstes Leben den Tieren, nichtbewusstes Leben den Pflanzen, sondern gattungsübergreifend verschiedene Bewusstseinsgrade ausmacht. Tiere wie etwa Schimpansen, Delfine und Wale haben Selbstbewusstsein und sind damit wertvoll. Ihr Lebensrecht ist besonders zu schützen. Auf der anderen Seite spricht er einigen Menschen ein Selbstbewusstsein ab, gesteht ihnen nur Erlebnisfähigkeit zu. Er unterteilt die Menschheit folgerichtig in Personen einerseits (selbstbewusstes Leben) und in Mitglieder der Gattung Homo sapiens andererseits (bewusstes

Leben). Die üblicherweise angenommene Gleichheit aller Menschen sei keine Tatsachenbehauptung (schließlich sind alle Menschen verschieden), sondern ein moralisches (von Menschen erfundenes) Prinzip. Keine Personen, sondern lediglich Mitglieder der Gattung Homo sapiens sind für Singer zum Beispiel ungeborene Menschen (= Föten) und alte, stark demente Menschen. Das heißt, der Mensch durchläuft in seinen Entwicklungsstadien von der befruchteten Eizelle bis hin zum Tode alle drei Stadien des Lebens (von Zeugung bis 18. SSW: nichtbewusstes Leben; von 18. SSW bis mindestens einen Monat nach Geburt: bewusstes Leben; ab dann bis zum Verlust der geistigen Kräfte: selbstbewusstes Leben; im gebrechlichen Alter eventuell wieder bewusstes oder nichtbewusstes Leben).

Keine Personen sind für Singer ebenfalls Menschen mit schwersten geistigen Behinderungen.

Größtmögliches Glück für möglichst viele

Was will Singer? Sein Anliegen ist es, größtmögliches Glück für möglichst viele zu erreichen. Vier Prinzipien findet er vernünftig und meint, sie seien als allgemein gültig anzuerkennen. Vermutlich werden Sie diesen Prinzipien zustimmen (zum Ganzen s.h. N.-H., 17f).

Handlungen sind von ihren Folgen her zu beurteilen. Gut sind Handlungen, wenn sie Gutes bewirken. Das Erreichen eines Zieles hat oberster Priorität, nicht die Einhaltung von Regeln (*Konsequenzprinzip).

Die Folgen des Handelns sind gut, wenn sie einen Nutzen

haben. Die Qualität einer Handlung hängt davon ab, inwieweit sie nützlich ist (*Utilitaritätsprinzip*).

Was Nutzen ist, bestimmt sich am Lustgewinn. Nützlich ist, was zur Erfüllung menschlicher Bedürfnisse und Interessen dient und insofern Glück, Freude, Wohlbefinden, … vermehrt, bzw. Unlust, Schmerzen, … verhindert (*Hedonismusprinzip*).

Handlungen sind anzustreben, deren Ziel das größtmögliche Glück für eine größtmögliche Zahl an Lebewesen ist (*Sozialprinzip*).

Den Tod von »Minderwertigen« in Kauf nehmen

Vielleicht teilen Sie bislang Singers Ansatz. Wenn ich Ihnen nun von den Schlussfolgerungen berichte, die er zieht, wird sich hoffentlich Widerspruch in Ihnen regen.

Spektakulär sind seine Antworten insbesondere bei drei Fragen: 1. bei der Frage nach Abtreibung, 2. bei der Frage nach Spätabtreibung von behinderten Kindern, 3. bei der Frage nach Sterbehilfe (von Singer wird sie Euthanasie = »freundlicher Tod« genannt).

Kernproblem jeder Abtreibungsdebatte ist die Frage: Wann wird der Mensch zum Menschen? Ab wann wollen wir sein Leben unter Schutz stellen? Singer richtet sich konsequent am Bewusstsein des Lebens aus und stellt fest: Bis zur 18. SSW besitzt ein Fötus keine Schmerzempfindlichkeit, da er noch kein ausgebildetes Nervensystem hat. Es handelt sich also um nichtbewusstes Leben (daher kein Lebensrecht). Dieses Leben darf auf Wunsch der Eltern abgetrieben werden. Ab der

18. SSW bis zur Geburt handelt es sich bei dem Fötus um bewusstes Leben. Dieses Leben hat einen gewissen Wert, aber »die schwer wiegenden Interessen einer Frau haben normalerweise den Vorzug gegenüber den rudimentären Interessen des Fötus« (Singer, 163). Abtreibungsgegner argumentieren damit, dass es keinen qualitativen Unterschied zwischen neugeborenen und noch nicht geborenen Kindern gibt. Sie folgern daraus, auch Ungeborene besitzen volles Lebensrecht. Singer stimmt ihrem Argument zu, zieht aber eine andere Folgerung. In der Tat, meint er, stelle die Geburt keine qualitative Änderung des Lebens dar. Am Bewusstseinszustand des Kindes ändere sich nichts, beide besitzen nur Bewusstsein. Folgerichtig gibt es keinen qualitativen Unterschied zwischen der Tötung eines Neugeborenen und eines Föten. Den genauen Zeitpunkt, ab wann das Kind zu einer Person, also zu einem selbstbewussten Lebewesen wird, bestimmt Singer nicht. Im ersten Lebensmonat handele es sich aber sicherlich nur um bewusstes Leben. Daher sei gegen eine Tötung in diesem Stadium nichts einzuwenden. Sie sei sogar einer Spätabtreibung vorzuziehen. Zum einen, weil sie keine gesundheitlichen Risiken für die Mutter mit sich brächte. Zum anderen, weil man nach der Geburt ein weit umfassenderes Wissen über den Zustand des Kindes habe. Abtreibungen auf Verdacht könnten verhindert werden.

Singer befürwortet die Tötung von Neugeborenen, da sie kein volles Lebensrecht haben. Insbesondere könne die Tötung von missgebildeten (Ausdruck von Singer) Säuglingen in Erwägung gezogen werden. Zum einen, wenn anzunehmen ist, dass ein »Leben so elend ist (und voraussichtlich auch bleiben wird), dass es nicht lebenswert ist« (N.-H., 40). Zum anderen, wenn das Glück einer ganzen Familie durch das behinderte Kind gefährdet wird »und eventuell die Geburt weiterer, voraussichtlich glücklicherer Kinder verhindert wird« (N.-H., 40). Singer rechtfertigt damit die Tötung eines Kindes, dessen Leben wohl eher glücklich als unglücklich sein wird, wenn durch die Geburt eines neuen (dann nichtbehinderten Kindes) ein noch größeres Glück entstehen könne. »Der Verlust eines glücklichen Lebens für den ersten Säugling wird durch den Gewinn eines glücklicheren Lebens für den zweiten Säugling aufgewogen« (Singer, 183). »Bereits im Falle einer leichten Behinderung wird erwogen, dieses Leben durch ein möglicherweise besseres Leben von gesunden Geschwistern zu ersetzen« (N.-H., 40).

Singer befürwortet ebenfalls die Sterbehilfe (er spricht von Euthanasie = freundlicher Tod). Kein Problem stellt für ihn die Tötung auf Verlangen einer leidenden Person dar (»freiwillige Euthanasie«). Der Respekt vor dem Willen eines selbstbewussten Menschen gebiete es, diesem Leid zu ersparen. Ebenfalls setzt er sich für die von ihm so genannte »nichtfreiwillige Euthanasie« ein, die Tötung »von menschlichen Wesen, die nicht in der Lage sind, die Entscheidung zwischen Leben und Tod zu verstehen. Sie sind noch keine oder nicht mehr Personen« (N.-H., 39). »In dieser Situation sind schwer missgebildete oder stark zurückgebliebene Säuglinge, sowie Menschen, die durch Unfall, Krankheit oder Alter die Fähigkeit auf Dauer verloren haben, das Entscheidungsproblem zu verstehen, ohne dass sie zuvor Euthanasie unter diesen Umständen gefordert oder abgelehnt hätten« (Singer, 178). Das sind Menschen, die nicht mehr rational und autonom sind. Ihr Lebenswert besteht nach Singer »nur in den möglich angenehmen Erlebnissen, die ihnen zuteilwerden könnten. Wenn sie überhaupt keine Erlebnisse haben, dann hat ihr Leben keinen Wert an sich. Sie sind in Wirklichkeit tot« (Singer, 189).

Mensch = Würde = Lebensrecht: Zur Ethik von Peter Singer

Der Entwurf von Peter Singer hat Menschen in Deutschland und der ganzen Welt entsetzt. Mich auch. Da wird der Mensch alleine auf Grund seines Wertes beurteilt. Wird unsere Gesellschaft – geprägt von ökonomischen Zwängen – das Menschenbild von Singer übernehmen? Ich möchte davor warnen. Worin sehe ich die Schwächen des ethischen Ansatzes von Singer?

1. Peter Singer leitet das *Recht auf Leben* konsequent von der Qualität des Lebewesens (Bewusstsein und Erlebnisfähigkeit) ab. Es gibt also einen am Menschen festzumachenden Grund für sein Lebensrecht. Doch alle Versuche, den Wert des Menschen an einer Fähigkeit festzumachen, haben ein zentrales Problem: Immer können wir uns einen Menschen denken, dem gerade dieses Qualitätsmerkmal fehlt. Sei es nun der aufrechte Gang, die Sprachfähigkeit oder die Vernunft. Immer kann es Menschen geben, deren Leben dann nicht mehr zu schützen ist. Die Folge: Alternde Menschen müssen mit

der Angst leben, getötet zu werden, wenn sie zu nichts mehr nütze sind. Eltern müssen sich rechtfertigen, wenn sie ein Kind mit Behinderung bekommen. Unfallopfern könnte medizinische Versorgung vorenthalten bleiben, weil sich unsere Gesellschaft diese nicht leisten kann. Alle Menschen stünden in der Gefahr, ihren Menschenstatus zu verlieren. Das führt zu einer Gesellschaft, in der Angst und Schrecken herrschen. Alles in allem: Das Ziel, leidende Menschen zu vermeiden, statt Leid zu lindern, beschert uns eine inhumane Gesellschaft.

Die Aufteilung der Menschen in Personen und Mitglieder einer Gattung lehne ich daher ab. Alle von Menschen gezeugten Lebewesen sind Menschen. Und alle Menschen (auch angeblich »wertlose«) haben ein Lebensrecht. Menschenwürde darf nicht vom Menschenwert abhängen! Ich verstehe jeden Menschen als geliebtes Gegenüber Gottes. Gottes »Ja« zum Menschen ist der Grund seiner Würde. Nicht eine Fähigkeit oder Eigenschaft verleiht dem Menschen ein Lebensrecht, sondern die Beziehung Gottes zum Menschen. Nun werden Sie meine theologische Begründung nicht mittragen können, wenn Sie die Existenz Gottes verneinen. Wenn es nicht die Beziehung Gottes zum Menschen ist, die dem Menschen Würde und Lebensrecht verleiht, dann kommt immer noch die Beziehung des Menschen zum Menschen in Betracht. Weil Menschen untereinander als Gattung miteinander »verwandt« sind, räumen wir uns gegenseitig einen besonderen Schutz ein. So ist es in der UN-Menschenrechtscharta und in unserem Grundgesetz geschehen: »Die Würde des Menschen ist unantastbar«,

Art. 1 GG. An einer vom Menschenwert unabhängigen Menschenwürde sollten wir, ob religiös (Gottesbeziehung) oder humanitär (Menschenbeziehung) begründet, auf jeden Fall fest halten.

2. Singer geht von der Annahme aus, dass ein Leben mit einer *schwersten Behinderung kein glückliches Leben* sein kann. Als Beispiel nennt er an Spina bifida erkrankte Kinder. Seine Annahme halte ich schlicht für falsch. Zumindest, dass ein solch eingeschränktes Leben zwangsläufig eine elende Existenz ist. Ich habe Ihnen von dem schwerstmehrfach behinderten Kind erzählt. Wissen wir, ob dieses Kind trotz seiner extremen Einschränkung nicht Glück empfindet? Zumindest lacht und weint dieser Junge. Und er hat es gelernt, über eine Taste einfache Signale an die Menschen zu geben. Der extrem körperlich eingeschränkte Prof. Stephen Hawking ist wohl einer der brilliantesten Physiker unserer Zeit. Oder erinnern Sie sich an den Journalisten Jean-Dominique Bauby? Selbst, wenn das Lebensrecht eines Menschen von seinem Lebenswert abhängig gemacht wird, so stelle ich fest: Auch extrem eingeschränkte Menschen können ihr Leben als lebenswert erachten. Niemand hat das Recht, einem anderen Menschen den Lebenswert abzusprechen. Im Übrigen habe ich das Gefühl, dass die These »dieses Leben ist nicht lebenswert« tatsächlich meint: »Dieses Leben ist für die Gesellschaft (die Eltern?) eine zu große Belastung.« Wer von uns weiß schon, ob der Knirps mit Down-Syndrom nicht das fröhlichste Kind seiner Straße sein wird? Aber fühlen wir uns einem solchen Leben ge-

wachsen? Verweisen wir nicht vorschnell auf das zu erwartende Leid des Kindes, weil wir befürchten, wir könnten diese Last nicht tragen? Es kann sein, dass wir einem Kind Lebensfreude vorenthalten, weil wir uns »dieses Elend« ersparen wollen.

3. Singers Ansatz führt dazu, lebenswertes von nicht lebenswertem Leben zu unterscheiden. Er befürwortet eine *Selektion von Menschen.*Ich frage mich, ob unsere Abtreibungspraxis nicht de facto eine ähnliche Selektion darstellt. Wie weit sind wir von Singers Ansatz entfernt? Bei vorliegender Behinderung eines Kindes wird angenommen, die werdende Mutter könne einen Schaden an Leib und Seele erleiden. Ist die Annahme berechtigt? Tritt der Schaden wirklich durch das Kind ein, oder dadurch, dass wir im Umgang mit begrenzten Kindern nicht geübt sind?

4. Eine *Gleichheit der Menschen* verneint Singer und verweist auf die individuelle Verschiedenheit der Menschen. In der Tat sind Menschen nicht gleich in ihren Begabungen und Begrenzungen, also nicht gleich im Sinne von *identisch.*Allerdings können Menschen gleich im Sinne von *gleichwertig* sein. Eine Mutter kann zwei völlig verschiedene Kinder haben und doch beide gleichermaßen lieben.

5. Erklärtes Ziel von Singers Ethik ist größtes Glück für möglichst viele. Ethisch vertretbar sei es, Einzelne zu töten, wenn dafür die *Summe des Glücks* für die Gesamtheit steige. Als Beispiel nennt er, Eltern dürften ein Kind mit Behinderung im ersten Lebensmonat töten, wenn sie

danach ein weiteres gesundes Kind bekommen könnten. Hinter dieser Annahme steckt ein technisches Menschenbild. Als wäre der Mensch eine Maschine. Stelle ich nach dem Kauf eines Haushaltsgeräts einen Defekt fest, tausche ich es gegen ein intaktes Gerät um. So aber »funktionieren« Menschen nicht. Man kann nicht ein beschädigtes Kind beseitigen und dann durch ein unbeschädigtes ersetzen. Wie sollte die Mutter glücklich werden? Vielleicht kann der Tod eines Kindes leichter überwunden werden, wenn man erneut ein Kind bekommt, aber die Trauer um das eine – egal wie schwer behindert – wird ein Leben lang bleiben. Singer lässt seelische Bindungen außer Acht. Er scheint tatsächlich zu glauben, die Beseitigung von behindertem und dementem Leben mache eine Gesellschaft als Ganzes glücklicher. Ich bin vom Gegenteil überzeugt. Würden Kindstötungen erlaubt, würden alle daran Beteiligten geschädigt. So verlockend das Ziel von Singer (einer Gesellschaft Leid zu ersparen) klingt, so tückisch ist es. Denn Singer will nicht das Leid beseitigen, sondern die Leidenden. Den Gesunden und Starken soll der Umgang mit Gebrechlichen und Schwachen erspart werden. Beziehungen zu den Belasteten sollen abgebrochen werden (Abtreibung, Euthanasie). Angeblich vergrößere das ihr Lebensglück. Ich plädiere hingegen dafür, Lasten gemeinsam zu tragen: Eltern mit behinderten Kindern zu unterstützen, Sterbende zu begleiten, Kranke zu behandeln, Beziehungen zu Belasteten auch in schweren Zeiten aufrechtzuerhalten. Lebenserfüllung besteht nicht vor allem in einem geheilten Leben, sondern in heilen Beziehungen.

6. Ein Letztes: Der freie Wille hat für Singer einen überragenden Wert. So respektiert er den Wunsch einer leidenden Person nach »freiwilliger Euthanasie«. Ein Thema, was in den letzten Jahren auch in unserer Gesellschaft engagiert diskutiert wurde. Sollten wir nicht den bei vollem Bewusstsein geäußerten *Sterbewunsch* eines unheilbar kranken Menschen respektieren und vollziehen? Zunächst einmal plädiere ich dafür, diesen Willen zu akzeptieren. Menschen dürfen den Wunsch haben zu sterben. Man kann an einen Punkt gelangen, an dem das Leben unerträglich ist. Doch ich frage: Ist es wirklich der freie Wille oder nicht eher die pure Verzweiflung, die den Tod herbeisehnt? Mir scheint Zweites der Fall zu sein. Wer sich selbst das Leben nimmt, tut das nicht aus kühler Berechnung, sondern weil er keinen Ausweg mehr sieht (oder psychisch erkrankt ist). Mitarbeitende von Hospizen stellen fest, dass Menschen ihren Sterbewunsch aufgeben, wenn sie durch Medikamente von ihren Dauerschmerzen befreit werden und wenn sie durch Begleitung ihre Einsamkeit verlieren. Dies zeigt, niemand will zu Tode gebracht werden, wenn ihm seine unsäglichen Leiden gemildert werden. Oder anders: Ein Mensch muss sich in einer verzweifelten Lage befinden, damit er den Tod herbeisehnt. Wir sollten alles tun, die Lage des Menschen zu verbessern, bevor wir ernsthaft über Sterbehilfe nachdenken.

Sie mögen einwenden, meine letzten Sätze basierten auf

zwei Annahmen. Erstens, dass Menschen grundsätzlich einen Lebenswillen haben und dieser erst durch widrige Umstände verloren geht. Und zweitens, dass wir das Leid eines
jeden Menschen so weit lindern können, dass sie keine Sterbehilfe mehr verlangen. Ja, sage ich, das sind meine Annahmen über den Menschen. Es ist mein Bild vom Menschen.
Und genau das ist es, unser Menschenbild, was in jeder
Diskussion über Sterbehilfe mitschwingt. Glauben wir, ein
Sterbewunsch sei Ausdruck eines mündigen Bürgers, oder
sehen wir darin ein Signal, dass Menschen auf ihrem Lei-
densweg überfordert sind? Erfüllen wir den Wunsch, weil
er berechtigt ist, oder wenden wir uns diesem Menschen
mit aller möglichen Schmerztherapie und menschlichen
Begleitung zu, damit dieser den Wunsch verliert?

Meine zweite Annahme ist zugleich eine gesellschaftliche Herausforderung. Wir sollten dafür sorgen, dass Menschen würdig sterben können. Hospize, Nachbarschafts-
hilfe, Schmerztherapie, es stehen viele Wege offen. Für mich
stellt jeder Sterbewunsch eine Niederlage dar.

Wir haben es nicht geschafft, das Leid dieses Menschen er-
träglich zu machen.

Kurz erwähnen möchte ich noch die Folgen, die eine Er-
möglichung von Sterbehilfe hat. Öffnen wir diesen Weg, so
werden sich Menschen am Ende ihres Lebens fragen, ob sie
diesen Weg nicht beschreiten wollen. Oder sie werden von
anderen gefragt werden, wie lange sie noch der Gesellschaft
oder der Familie zur Last fallen wollen. Bereits diese Frage
stellt eine Belastung für den Menschen dar. Ich muss mich
für meine (leidende, nutzlose) Existenz rechtfertigen. Schon

heute wünschen sich alte Menschen zu sterben, damit sie niemandem zur Last fallen. Ich bin davon überzeugt, wir können Sterbehilfe, ist sie einmal legalisiert, nicht auf die wenigen Menschen begrenzen, deren Leben – auch unter Ausschöpfung aller Linderungsmöglichkeiten – unerträglich ist.

Mein Fazit

Ich habe eine Abneigung gegen jede Art von Unterteilung der Menschen. Weder gibt es Menschen mit und ohne Behinderungen, noch gibt es wertvolle und wertlose Menschen. Eine Gesellschaft wird nicht glücklicher, indem sie Menschen mit besonderen Grenzen – seien sie körperlich bedingt oder durchs Alter – beseitigt (töten), sondern indem die Grenzen beseitigt werden (heilen). Ist dies nicht möglich, so sollten betroffene Menschen befähigt werden, mit ihrer Grenze zu leben, etwa durch Wertschätzung, Pflege und Begleitung bis zum Tode. So wird unsere Gesellschaft humaner.

Mein Traum

Ich träume von einer Welt, in der

... alle wissen, dass Menschen zugleich begrenzt und begabt sind. Da wäre niemand unnormal, weil keiner normal wäre.

... die Besonderheit eines Menschen nicht zum Anlass genommen wird, diesen auszulachen, auszugrenzen oder abzuwerten. Da müsste niemand vor seinen eigenen Grenzen weglaufen und niemand hätte es nötig, seine Grenze voller Scham und Angst zu verbergen. Da verlören die Grenzen ihren Schrecken, ja ihre Bedeutung.

... wir unsere festgefahrenen Bilder über Behinderte, Ausländer, Frauen, ... aufgeben, weil niemand diesen Bildern entspricht.

... die Menschen lernen, ihre verrückbaren Grenzen zu erweitern, ihre unverrückbaren Grenzen zu akzeptieren und beides voneinander zu unterscheiden. Da würden die Menschen dankbar sein für die vielen Möglichkeiten des Lebens. Und sie würden die Sehnsucht nach dem Unerreichbaren nicht mehr spüren.

... Menschen mit besonders engen Grenzen Hilfsmittel und Hilfsmenschen haben, damit sie am Leben teilhaben können. Wer nicht mitmachen kann, ist dennoch dabei.

... Helfende und Hilfe Suchende einander wie Partner behandeln. Da müsste sich niemand mehr klein fühlen, wenn er um Hilfe bittet.

… der Mensch wichtiger ist als seine Leistung. Da würde niemand am Leben verzweifeln müssen, weil er zu nichts mehr nütze ist. Da würde kein Leben verhindert werden, weil es nur eine Last wäre.

… das Wesen eines Menschen wichtiger ist als sein Körper. Da würde das Funkeln in den Augen eines Menschen mehr beeindrucken als makellose Schönheit.

… sich Menschen an ihren Gaben freuen, ohne es nötig zu haben, sich über den weniger Begabten zu erheben. Welche Gabe haben wir uns schon selbst zu verdanken?

… jeder Mensch als Bereicherung verstanden wird, nicht als Schaden. Da wäre jeder gewiss, meine Würde wird auch dann geachtet, wenn ich nicht mehr für sie einstehen kann.

… die Gesellschaft an den Menschen angepasst wird und nicht der Mensch in die Gesellschaft passen muss. Da würden werdende Eltern die Angst vor der Überforderung verlieren, denn sie würden mit der Last ihrer Kinder nicht allein gelassen. Da wäre gesundes und starkes Leben wünschenswert, aber anfälliges und bedürftiges Leben keine Katastrophe mehr.

… wir nicht immer mehr Geld für die Medizin und immer weniger für die Pflege ausgeben. Gerade am Ende des Lebens gilt nicht mehr »Hauptsache gesund«, sondern »Hauptsache begleitet«.

Danke

Ich möchte all jenen danken, die mich gelehrt haben, mit meinen Grenzen zu leben: Meinen Eltern Helmut und Ingrid Schmidt, meinen Geschwistern Elke und Edgar mit ihren Familien. Wohl dem, der so geliebt wird.

Meiner ganzen großen Familie und den Menschen in meinem Heimatort Gaderoth. Wohl dem, der geachtet wird.

Den vielen Tischtennis-Begeisterten, die mit mir gespielt, trainiert, geschwitzt haben, und den vielen glaubenden Menschen, die mir Gottvertrauen ermöglicht haben. Wohl dem, der mitten drin ist.

Ich danke den Menschen, die mich beim Schreiben des Buches unterstützt haben. Meine Kirche (Evang. Kirche im Rheinland) sah in meiner Behinderung nie einen Grund, mir die theologische Ausbildung vorzuenthalten. In der Gemeinde Schildgen habe ich dreieinhalb Jahre mit meinem Mentor Pfr. Christoph Nötzel gearbeitet. Viele Gespräche mit ihm und seiner Frau Ellen haben mich weitergebracht. Pfr. Frauke und Hajo Stein haben Teil B mit mir durchdacht. Am meisten Arbeit hat sich Christine Schlüter gemacht. Sie hat alle von mir entworfenen Kapitel gelesen und unermüdlich darauf hingewiesen, wo ich mich wiederhole oder den roten Faden verliere. Manchmal ist ein Kapitel überhaupt erst durch ein Gespräch mit ihr entstanden. Danke!

Register

Die Seele baumeln lassen

368 Seiten
ISBN 978-3-442-16789-0

Unsere Sehnsucht nach Ruhe, Orientierung und mehr Zeit wächst von Tag zu Tag. Marco von Münchhausen stellt individuelle »Rastplätze« für die Seele vor: 15 Möglichkeiten, um neue Kraft zu schöpfen und wieder zu uns selbst zu finden. So inspirierend geschrieben, dass das Auftanken schon mit dem Lesen der ersten Seite beginnt.

Sich selbst behaupten –
entspannter leben

192 Seiten
ISBN 978-3-442-17093-7

240 Seiten
ISBN 978-3-442-17048-7

272 Seiten
ISBN 978-3-442-17066-1

224 Seiten
ISBN 978-3-442-17044-9

Lernen Sie das Leben lieben

240 Seiten
ISBN 978-3-442-16934-4

368 Seiten
ISBN 978-3-442-17047-0

416 Seiten
ISBN 978-3-442-16502-5

160 Seiten
ISBN 978-3-442-16990-0